Marion Küstenmacher
Werner Tiki Küstenmacher

Fühl' dich umarmt!

Marion Küstenmacher
Werner Tiki Küstenmacher

Fühl' dich umarmt!

Mehr als 100 gute Gründe,
das Leben zu lieben

BONIFATIUS

Bibliografische Information
der Deutschen Nationalbibliothek
Die deutsche Nationalbibliothek verzeichnet diese Publikation in der
Deutschen Nationalbibliografie; detaillierte bibliografische Daten sind im
Internet über http://dnb.ddb.de abrufbar.

Covergestaltung: Weiss Werkstatt München, www.werkstattmuenchen.com
Covermotiv: Werner Tiki Küstenmacher

Vollständig überarbeitete und erweiterte Neuauflage

Alle Illustrationen von Werner Tiki Küstenmacher*

ISBN 978-3-89710-887-5

©2021 by Bonifatius GmbH Druck · Buch · Verlag Paderborn

Druck: cpi-print.de

Bonifatius GmbH Druck · Buch · Verlag Paderborn

Das Leben ist liebenswert, weil ...

1 es jeden Tag einen neuen Grund dafür gibt 11

2 wir einander so viel verdanken 12

3 man die Dinge einfacher nehmen kann, als sie sind 13

4 wir wegwerfen dürfen...14

5 weil wir wieder Amseln singen hören 15

6 weil Sie einmalig sind 17

7 wir die Jahre zählen können 18

8 es nicht nur Berufe, sondern auch Berufung gibt....................19

9 es glückliche Fügungen gibt 20

10 wir im Herzen Platz für Freunde haben.........................21

11 Neugier uns weiterbringt 22

12 die Stille so still ist..23

13 wir jeden Morgen bei Null anfangen können 24

14 wir uns selbst Fragen stellen können........................25

15 wir „Wow!" sagen können.......................................26

16 weil die einfachen Dinge die schönsten sind.................27

17 die Schokolade nicht verboten wurde 28

18 weil wir Kerzen anzünden können 29

19 die Welt so unvollkommen ist....................................30

20 jeder Tag mit einem Vormittag beginnt.......................31

21 wir glücklicherweise Macken haben 32

22 der Teufel nicht singen kann 33

23 manchmal die Zeit stehen bleibt................................34

24 ein Handicap uns nicht schaden muss 35

25 Gesetze dem Leben dienen wollen 36

26 es Frühling, Sommer, Herbst und Winter gibt................37

27 ständig Verbesserungen erfunden werden 38

28 wir einander würdigen können...................................39

29 es Buttersauce und feinsten holländischen Kakao gibt............40

30 es so herrlich normal ist...41

31 wir einfach die Blickrichtung ändern können 42

32 die Zeit nicht gleichmäßig vergeht 43

33 auch wenn wir Schweres ertragen müssen 44

34 wir Paradiese schaffen können................................45

35 wir in der Küche zu Philosophen werden.....................46

36   man in Pfützen tanzen kann...47
37   wir nicht zufällig im Weltall herumrasen.......................48
38   man Postkarten schicken kann 49
39   die Faktenverdreher keine Zukunft haben....................51
40   Ausspannen keine Sünde ist 52
41   wir einen dritten Weg finden können............................53
42   in jedem von uns ein Klavierspieler steckt....................54
43   man so wenig braucht, um besser zu leben....................55
44   wir Geist und Körper haben..56
45   wir notfalls immer noch baden gehen können..............57
46   wir nicht alle Tage auf einmal leben müssen...............58
47   das Leben größer ist als wir selbst................................59
48   es Drachen und Prinzessinnen gibt..............................60
49   wir Prioritäten setzen können..61
50   ein Umzug geschafft ist 62
51   wir alle Bettler sind...63
52   wir uns ein Nickerchen gönnen können........................64
53   Alt und Jung sich vertragen können..............................65
54   es in jedem Menschen vier Zimmer gibt.......................66
55   die einfachsten Formen die schönsten sind..................67
56   es die glücklichen Inseln hinter dem Winde gibt.........68
57   Wahrheit größer ist als Lüge..70
58   Herzenswünsche erfüllt werden....................................71
59   chaotisch manchmal gut ist..72
60   wir unabhängiger werden können.................................73
61   die Planeten machen, was sie wollen.............................74
62   wir unserer Nase nach gehen können 75
63   wir nicht nur Superhelden sind......................................76
64   es noch immer Schmetterlinge gibt...............................77
65   wir andere Menschen segnen können............................78
66   das Leben voll schöner Nebenwirkungen ist................79
67   Kopf und Hände zusammen gehören.............................80
68   die Wachteln so klug sind 81
69   das Leben selbst uns inspiriert 82
70   wir „Schuld" klein schreiben können............................83
71   wir Freunde haben...84
72   wir Seltenes entdecken können......................................85
73   Philosophie Lebenskunst ist...86
74   Licht spricht..87

75 man in die Vergangenheit zurückschauen kann.........................88
76 unsere Wünsche in Erfüllung gehen können 90
77 wir danken können 91
78 es Wochenenden und Arbeitswochen gibt 92
79 es oft auch anders herum geht...93
80 es Witze gibt...94
8 1 es nicht auf die Verpackung ankommt,
     sondern auf den Inhalt 95
82 es versteckte Überraschungen gibt 96
83 Präriehunde Kräuter mögen...97
84 wir nicht unfehlbar sind..98
85 der Mond uns allen gehört...99
86 wir so viele sind 100
87 wir Schiffe bauen, um das sichere Land zu verlassen..............102
88 auch kleinste Schritte zählen 103
89 wir anderen zustimmen können 104
90 wir uns überschreiten können..105
9 1 auch Kängurus erst mal kleine Sprünge machen.....................107
92 das Böse uns mal kann 108
93 es Grenzen gibt...109
94 man mit Scherben auch Glück anrichten kann 110
95 wir ein Wunderwerk aus Zellen sind 111
96 wir gerne beieinander sitzen..112
97 wir in die Luft gehen können 113
98 wir Liebesbriefe schreiben und empfangen können 114
99 wir von den Tieren die Faulheit lernen können 115
100 wir ein Kompliment ans Leben sind..116
10 1 alles Lebendige zusammengehört..117
102 wir so viel voneinander lernen können....................................118
103 sich der Sternenhimmel über uns wölbt 119
104 Liebe der beste Koch ist..120
105 man sich ins Schlafzimmer zurückziehen kann 121
106 der Sonnenuntergang kostenlos ist..122
107 wir von der Stille des Wassers lernen können..........................123
108 viele Probleme kleiner sind als gedacht 124
109 wir älter und klüger werden 125
1 10 wir nur einmal leben 126

1 DAS LEBEN IST LIEBENSWERT,
weil es jeden Tag einen neuen Grund dafür gibt

„Schlafen wie ein glücklicher Stein. In der Sonne auf einem hohen Stuhl sitzen und mit den Beinen baumeln. Die Butterbreze am Morgen. Seinen Frust gegen Hoffnung eintauschen und damit gut leben. Briefe im Briefkasten, auf denen die Adresse von Hand geschrieben ist. Pfirsiche. Fahrstuhl fahren. Leben statt Lebenslauf. Nach der Klausur alles vergessen können. Jungs, die mir Einhörner malen. Kullernde Abschiedstränen. Die Dinge ernst zu nehmen, ohne ernst zu werden. Ananas im Regen essen. Von Ritter Lanzelot getröstet werden. Schokoladeneis von der ´Wundertüte´ am Kirchplatz essen. Ein Lächeln von unerreichbaren Mädchen. Freunde übers Internet finden. Direkt am letzten Schultag wegfahren. Morgens im Obstgutgarten stehen. Omi und Opi. Das unglaubliche Gefühl, richtig gehandelt zu haben. Frisch geduscht in frischer Bettwäsche einschlafen. Lachen ohne Zahnspange. Dass alles immer ganz anders sein könnte. Gänsehaut vor Aufregung. Schwimmkerzen auf dem See aussetzen. Mit der Hand abends eine nasse Hecke berühren. Pingpong spielen, bis es stockdunkel ist. Mamas alte Ohrringe finden. Wissen, wo man hingehört. Grünes Chinapapier an den Fenstern haben. An früher denken und lachen müssen ...“

Diese kunterbunte Liste stammt aus dem (mittlerweile eingestellten) Jugendmagazin *jetzt* der Süddeutschen Zeitung. Leserinnen und Leser konnten ihren ganz persönlichen Grund nennen, warum das Leben für sie liebenswert ist. Zustande kam eine wunderbare Demonstration dafür, wie viel Glück, Zufriedenheit und Lebenssinn wir aus kleinen oder alltäglichen Dingen schöpfen können. Alles, was man dazu braucht, ist die Gabe, den Augenblick und sein Geschenk an uns zu erfassen. Je geübter Sie darin sind, desto leichter wird es Ihnen fallen, sich in der obigen Auswahl an guten Gründen wiederzufinden oder sie – wie wir in diesem Buch – mit eigenen Bildern und Worten zu ergänzen.

MK

2 DAS LEBEN IST LIEBENSWERT, weil wir einander so viel verdanken

Der amerikanische Schriftsteller und Pionier eines einfachen Lebens, Henry David Thoreau stellte sich jeden Morgen nach dem Aufwachen die drei gleichen Fragen: 1. Was ist gut an meinem Leben? 2. Worüber kann ich glücklich sein? 3. Wofür sollte ich dankbar sein? Thoreaus Erfahrung: Die Antworten auf diese drei Fragen stimmen einen schon am Morgen freundlich und positiv.

Sie fördern das Vertrauen in den eigenen guten Weg und erinnern uns an gute Erfahrungen, die wir mit uns selbst oder anderen Menschen machen konnten. Wenn Sie Thoreaus Konzept im Selbstversuch ein paar Wochen lang überprüfen, können Sie folgendes feststellen: Die Antworten auf Frage 1 und 2 bringen nicht immer gleich gute Ergebnisse. Sie sind stimmungsabhängig. Aber Frage 3 ist ein Volltreffer. Ganz egal, wie schwer Ihr Tag auch war, wie traurig oder erschöpft Sie auch sein mögen, es finden sich garantiert immer ein paar Dinge, für die Sie dankbar sein können. Das Gefühl der Dankbarkeit stärkt Ihre Abwehrkräfte und hebt Ihren Lebensmut. Dankbarkeit ist eine Lebenskraft, die bis ins hohe Alter reicht und Früchte bringt.

Anthony de Mello erzählt die Geschichte von einem alten Mann, der in seinem Garten tiefe Löcher grub. „Was machst du da?", fragte sein Nachbar. „Ich pflanze Mango-Bäume", lautete die Antwort. „Willst du etwa Früchte von diesen Bäumen essen?" „Aber nein, so lange werde ich doch gar nicht mehr leben. Aber andere werden da sein. Ich habe mein Leben lang Mangos von Bäumen gegessen, die andere gepflanzt haben. Ich statte hier nur meinen Dank ab."

Wer dankbar für etwas ist, was er empfangen hat, ist ein Freund der Vergangenheit. Wer aus Dankbarkeit dafür wieder etwas Gutes tut, ist ein Freund der Gegenwart. Wer anderen zeigt, wie viel wir alle einander verdanken, ist ein Freund der Zukunft.

MK

3 DAS LEBEN IST LIEBENSWERT, weil man die Dinge einfacher nehmen kann, als sie sind

Friedrich Nietzsche gilt als der am meisten zitierte Philosoph der Welt. Manche verkennen ihn etwas, denn der Pfarrerssohn aus Sachsen hat zu Glaube und Religion ein sehr distanziertes Verhältnis gehabt.

Fotos zeigen ihn als mürrisch dreinblickenden Herrn mit furchterregendem Riesenschnauzbart. Aber Nietzsche hat ein paar augenzwinkernde Lebensweisheiten parat, die mir gut gefallen. Am besten finde ich einen Satz von ihm, der einen ermuntert, die Welt mit den Augen eines Philosophen zu sehen. Es ist ein Satz, der in unserer immer komplizierter werdenden Welt ganz besonders aktuell ist. Er lautet:

Ein Denker versteht sich darauf, die Dinge einfacher zu nehmen, als sie sind.

Und zum Beweis, dass der alte Denker Nietzsche diese Weisheit auch selbst durchgezogen hat, hier noch ein Zitat von ihm, das mich immer wieder freut und entspannt, wenn ich es lese:

Die wirklich guten Dinge im Leben haben etwas Lässiges. Sie liegen wie Kühe auf der Wiese.

WTK

4 DAS LEBEN IST LIEBENSWERT, weil wir wegwerfen dürfen

Wenn man es endlich geschafft hat, irgendeine dunkle Ecke im Kleiderschrank oder ein verstaubtes und vergessenes Kellerregal auszuräumen und Nützliches und Schönes von Überflüssigem und Hässlichem zu trennen, dann kommt ein herrlicher Moment. Man packt allen Schrott zusammen, stopft ihn ins Auto und bringt ihn zum Sperrmüll. Dass es diese wunderbaren Orte des Loslassens überhaupt gibt, ist wirklich ein Geschenk. Man stelle sich vor, wir müssten all die zu engen Jacketts, angeschlagenen Tassen, kaputten Lampen, zerschlissenen Sessel oder durchgelegenen Matratzen unser Leben lang behalten! Nein danke, weg mit dem Ballast!

Die Wohnung atmet nach einem solchen Befreiungsschlag sichtbar auf. Aber warum sollte eigentlich nur unser äußeres Zuhause eine solche Entschlackungskur verdient haben? Manchmal sollten wir darum auch unsere Seele entrümpeln. Was sich da über die Jahre alles angesammelt hat! Neben Kostbarem lagert da auch eine Menge Lebensballast. Überladen mit Bildern, Erfahrungen, Urteilen und Wissen aus der Vergangenheit. Und für das, was dieser Seele heute wesentlich und wichtig ist, ist kein angemessener Platz da. Also, nur Mut!

Das Rezept heißt: Heute will ich mich von etwas Vergangenem trennen, damit in meinem Herzen Platz wird für neue Erfahrungen und Einsichten. Werfen Sie ein Vorurteil weg. Es hat sich nicht bewahrheitet oder Sie am Leben gehindert. Und warum nicht auch gleich noch eine alte Sorge. Sie hat sich viel zu breit gemacht in all den Jahren. Am meisten Seelenmüll produzieren Vorwürfe, die Sie gegen jemanden erheben. Die aufzugeben bedeutet wahrscheinlich für jeden Schwerstarbeit, aber es lohnt sich! Es macht Spaß, auf diese Weise innerlich leer zu werden.

Denn auf Ihre Seele wartet der Hochgenuss, sich wieder freier und unbeschwerter bewegen zu können.

MK

für immer

5 DAS LEBEN IST LIEBENSWERT,
weil wir wieder Amseln singen hören

Ja, Quarantäne, das kennt er. Es ist nur ein paar Jahre her, erzählte mir ein junger Mann, da musste er wegen einer unbekannten ansteckenden Krankheit mehrere Wochen lang in einem Klinikzimmer verbringen, streng abgeschlossen von allen. Untersucht und betreut wurde er von vollständig vermummtem Personal. Nicht einmal das Fenster durfte er öffnen. Aber er konnte durch die Filtermatten der Lüftungsschlitze eine Amsel vor seinem Fenster singen hören. Dieser Gesang, sagte er, war seine Rettung. Der war für ihn wie ein Strohhalm, an dem sich seine Seele festhalten konnte. Dass die Amsel einfach so unbeschwert ihre herrlichen Melodien sang, war für ihn eine Botschaft: Das Leben ist stärker als jede Bedrohung.

Was er damals nicht wusste: Amseln sind geradezu ein Symbol für die Auferstehung. 2010 starben bei uns in der Region sehr viele durch das Usutu-Virus. Danach erholten sich die Bestände langsam, aber 2019 schlug das Virus erneut zu. Doch inzwischen sind wieder überall Amseln zu hören.

Amseln singen reine Melodien. Instrumentals sozusagen, ohne Text. Gäbe es eine Software, die ihre Töne in unsere Sprache übersetzt – ich könnte mir gut vorstellen, dass ein Jesuszitat dabei herauskäme: „Ich bin die Auferstehung und das Leben."

Die Amsel wird in der Literatur und in der Musikwissenschaft hoch geschätzt. Im Unterschied zu den meisten heimischen Vögeln haben Amseln ein umfangreiches Repertoire mit über 30 Melodien. Sie übernehmen Tonfolgen von anderen Amseln, aber auch von anderer Musik, die sie zu hören bekommen. Als 2007 bei einer Kunstaktion viele Bonner Beethovens „Ode an die Freude" als Klingelton in ihr Handy luden, integrierten einige Amseln Passagen aus „Freude, schöner Götterfunke" in ihren Gesang.

Die kleinen Arien der Amseln bestehen aus eigenwilligen atonalen Passagen, die menschlichem Musikgeschmack fremd vorkommen. Aber sie enthalten auch kunstvolle Melodien, die in unserem Notensystem aufgeschrieben werden können. Sie können eine faszinierende Wirkung entfalten, so wie sie den jungen Mann in der Einsamkeit seiner Quarantäne getröstet haben.

Wenn Sie gerade keine Amsel vor dem Fenster haben: Suchen Sie auf YouTube nach Paul McCartneys wundervoller Ballade „Blackbird", aufgenommen 1968. Die Amsel steht dort stellvertretend für eine afroamerikanische Frau in den damaligen Unruhen der Bürgerrechtsbewegung.

WTK

6

DAS LEBEN IST LIEBENSWERT,
weil Sie einmalig sind

Ein großartiger Grund zu leben ist das Gefühl, einzigartig zu sein. Etwas ganz Besonderes und Einmaliges. Können Sie das von sich sagen? Oder vergleichen Sie sich gelegentlich mit anderen Menschen? Ach, wäre ich nur so attraktiv, so selbständig, so klug, so charmant, so geschäftstüchtig, so locker wie ... Vergleiche führen schnell zur Abwertung und wecken den Neid. Wenn er erst angefangen hat, in Ihr Herz zu kriechen, kommen schlechte Stimmung, Traurigkeit und Missmut bald hinterher.

Damit sich das Leben wieder gut und lohnenswert anfühlt, sollten Sie dem Neid und seinem scheelen Blick entschieden und selbstbewusst ein Ende setzen. Kopf hoch und Augen auf für das Besondere an Ihnen selbst! Was macht Ihre Persönlichkeit aus? Worin liegt Ihre ganz besondere Gabe? Was ist Ihr Talent? Wenn Sie es nicht selbst wissen, haben Sie das Recht und die Pflicht Ihre Freunde zu fragen, was Sie Positives oder gar Einmaliges an Ihnen entdeckt haben. Bitten Sie um Ehrlichkeit und um etwas Konkretes. Dass man Sie einfach gern hat, genügt in diesem Fall noch nicht.

Ist Ihr Selbstvertrauen wieder hochgepäppelt, kommt ein zweiter Schritt. Der kann Sie etwas Überwindung kosten, aber dafür werden Sie den lästigen Neid wirklich los. Der Tipp kommt vom großen Geheimrat Johann Wolfgang von Goethe. „Gegen die großen Vorzüge anderer hilft nur – Liebe." Drehen Sie den neidischen Blick um in eine Gabe: das Besondere in anderen zu entdecken, so wie es Ihre Freunde vorher bei Ihnen getan haben. Dann können Sie die Vielfalt der Begabungen in Ihrem Umfeld genießen und sich an der Einzigartigkeit Ihrer Mitmenschen erfreuen. Und das ist viel lohnender als ein neidisches Herz.

MK

7 DAS LEBEN IST LIEBENSWERT,
weil wir die Jahre zählen können

Manche Leute finden es schrecklich, älter zu werden. Künstlerinnen wie Jennifer Lopez oder Sandra Bullock zauberten sich beide vier Jahre jünger, eine beliebte Zeiteinheit bei weiblichen Stars. Auffällig viele Männer schummeln gerne bei Online-Dates. Andere wollen ihre Geburtstage gar nicht feiern, weil sie die vielen Kerzen auf der Torte schrecklich finden. Dabei sind sie die kleinen leuchtenden Beweise, dass wir schon viel erleben durften und immer noch am Leben sind.

„Eigentlich ist es auch ein Erlebnis, nicht tot zu sein." Diesen Satz schrieb Antoine de Saint-Exupéry, nachdem er aus 4000 Metern mit seinem Flugzeug abgestürzt war. Ins Bodenlose ging der Sturzflug. Saint-Exupéry glaubte, eine Tragfläche sei abgebrochen und die Felder unter ihm hielt er schon für sein Grab. Er fühlte sich ganz weiß werden, erzählt er, ganz blank vor Angst. Auf unerklärliche Weise stabilisierte sich das Flugzeug, kein Flügel fehlte, aber diese Erkenntnis blieb: Eigentlich ist es auch ein Erlebnis, nicht tot zu sein.

Das möchte ich mir öfter bewusst machen: Dass ich es gerade erleben darf, nicht tot zu sein. Dass ich mich freuen kann, zu leben und älter zu werden. Oder, wie es der alte Maurice Chevalier so schön gesagt hat: „Älterwerden ist gar nicht so schlecht, wenn man die Alternative bedenkt."

WTK

8 DAS LEBEN IST LIEBENSWERT, weil es nicht nur Berufe, sondern auch Berufung gibt

Stellen Sie sich einen Mann vor, der alle, wirklich alle der folgenden Berufe ausübte: Dachpappenfirmalehrling, Tabakladenbesitzer, Fremdenführer, Privatbibliothekar, Schauspieler, Kontorist, Reklametexter, Riesenschlangenträger auf dem Jahrmarkt, Kunstmaler, Buchhalter in einem Reisebüro, fahrender Sänger, Wahrsagerin (als Frau verkleidet in einem Bordell), Minensuchbootkommandant, Kabarettist, Postüberwachungsstellenprüfer, Schaufensterdekorateur, Kinderbuchautor, Bühnenartist.

Wie kann man das alles in einundfünfzig Lebensjahren unterbringen? Und was kann ein solches unstetes Berufsleben einbringen? Mit seinem Tabakladen ging er schon nach einem halben Jahr in Konkurs. Er hatte ihn mit einem Skelett dekoriert, das in Zigarrenkisten wühlte. Der Mann hatte sein Leben lang Geldsorgen, jahrelang nicht einmal eine eigene Wohnung. Mitunter schlief er bei Freunden, eingerollt in deren Teppiche. Als Obdachlosen steckte man ihn in Antwerpen sogar ins Gefängnis. Selbst sein Traumberuf Seemann, dem er als junger Mann gefolgt war, brachte ihm kein dauerndes Glück.

Der Mann, der seine Berufe ständig wechselte, in den meisten ziemlich versagte, hieß mit bürgerlichem Namen Hans Gustav Bötticher. Irgendwann gab er sich selbst einen neuen Namen: Joachim Ringelnatz. Der Name passt zu einem Ex-Matrosen, denn er bezieht sich wohl auf die von ihm heißgeliebten Seepferdchen, die von Seeleuten auch „Ringelnass" genannt werden. Joachim ist hebräisch und bedeutet „Gott richtet auf". Sein Pseudonym „schütze ihn wie eine Tarnkappe", meinte Ringelnatz einmal. Vielleicht aber war es genau anders herum: Dieser selbstgewählte Name ist ein Bekenntnis zu seiner wahren Berufung als Künstler. Unter ihm wurde er berühmt und blieb bis heute sichtbar. Als Humorist und geistreicher Erfinder des Seemanns Kuttel Daddeldu, des männlichen Briefmarks oder des kleinen Zwiebelchens im rührendsten Kindergebetchen deutscher Sprache. Die Poesie war seine Berufung und recht spät sein Beruf. Aber alle seine anderen beruflichen Versuche hatten ihn eines gelehrt: „Überall ist Wunderland. Überall ist Leben."

MK

9 DAS LEBEN IST LIEBENSWERT,
weil es glückliche Fügungen gibt

In unruhigen, angespannten Zeiten war es schon immer ein guter Rat, sich ein bisschen Entspannung zu verschaffen – etwa mit einem Spiel. Die sind heute häufig digital. Ich spiele gern Candy Crush, weltweit Nummer zwei bei den Smartphone-Games.

Candy Crush ist eine Mischung aus Glück und Geschicklichkeit, mit Tausenden von abwechslungsreichen Levels. Einige sind gemein schwer. Es will einfach nicht gelingen, sie zu lösen. Zum Glück gibt es Foren, in denen sich Spieler Tipps geben. Oder fragen: Ist dieses verflixte Level überhaupt lösbar? Viele sind wütend, sehen eine Verschwörung: Das ist Absicht! Der Hersteller will uns damit zwingen, dass wir zusätzliche Joker kaufen! Statt Entspannung erleben sie Stress. Spieler drohen: Mir reicht's! Ich steige aus! Ich war auch ein paar Mal so weit.

Aber dann las ich, wie ein Mitspieler schrieb: Ich warte auf mein *lucky board*. Denn das Spielfeld verändert sich nach jedem Versuch, und irgendwann ist eins dabei, das aufgeht – und einem Glück bringt.

Diese kleine Idee war für mich eine Lektion fürs Leben. Wir leben in Umbruchzeiten, da ändern sich die Verhältnisse ständig. Ja, sagen viele, und zwar immer zum Schlechteren! Nein, sage ich, irgendwann wird ein *lucky board* dabei sein. Ich glaube nicht, dass das Leben ein abgekartetes Spiel ist. Dass auf fatale Weise alles vorherbestimmt ist. Nein, ich denke, die Lebendigkeit des Lebens zeigt sich auch darin, dass es immer wieder Spielräume für glückliche Fügungen schafft. Das sorgt für Gelassenheit im Kleinen, aber auch im Großen.

WTK

10 DAS LEBEN IST LIEBENSWERT, weil wir im Herzen Platz für Freunde haben

Wie würden Ihre Freunde Sie beschreiben? Als weitherzigen Menschen oder eher kleinlich und engherzig? Ein enges Herz haben, ist etwas sehr Trauriges, weil dann in unserem Inneren ein Gefühl der Armut vorherrscht. Wo aber so wenig zu sein scheint, können wir niemanden in das Innerste unseres Herzens eindringen lassen. Es reicht ja kaum für uns selbst. Und so verschließen wir uns vor anderen. Sogar vor unseren guten Freunden.

Die alten Ägypter nannten einen guten Freund „Akib". Übersetzt heißt das: „Derjenige, der eindringt in das Innerste meines Herzens." Wer sein innerstes Herz einem Freund, dem Akib, öffnet, bekommt ein „breites Herz". Was für die alten Ägypter nichts anderes bedeutete als „Freude und großes Glück". Bis heute spielt der Akib und das Geschenk der Freundschaft eine große Rolle im Orient. Der Wert der Freundschaft wird so hoch eingeschätzt, dass man auch Gott selbst Akib, guter Freund, nennt. Er dringt ein in das Innerste meines Herzens und macht es groß für die Freude und das Glück.

Eine innige, treue Freundschaft dehnt und weitet also das Herz. Je breiter, weiter und offener unser Herz wird, desto mehr Liebe, Freude und Glück kann es fassen, fühlen und weitergeben. Die Freundschaft hat ihm geholfen, zu seiner eigentlichen Bestimmung zu finden.

MK

11 DAS LEBEN IST LIEBENSWERT,
weil Neugier uns weiterbringt

Sein Vater hatte eine elektrotechnische Fabrik in München. 1886 erhielt sie den Auftrag, erstmals das Oktoberfest elektrisch zu beleuchten. Die Zeitung schwärmte, wie „der milde und doch so intensive Glanz der elektrischen Bogenlampen ein märchenhaftes Licht über dem von Tausenden belebten Festplatz ausgießt".

Auch der Sohn des Fabrikanten war fasziniert von dem Phänomen: Wie wäre es, wenn man dem Licht nachlaufen könnte? Würde es je gelingen, sich so schnell zu bewegen, dass man auf einem Lichtstrahl reiten könnte? Fast 20 Jahre dachte der Junge darüber nach, dann hatte er die Antwort. Im Sommer 1905 schickte er zwei Aufsätze dazu an die damals angesehenste Fachzeitschrift, die „Annalen der Physik".

Diese beiden Arbeiten des Patentamtsangestellten Albert Einstein veränderten die Welt. Begonnen hat die berühmte Relativitätstheorie mit  einer interessierten, aber eigentlich einfachen Frage. Und einer intensiven Vorstellungskraft. „Ich habe keine besondere Begabung, sondern bin nur leidenschaftlich neugierig", schrieb Einstein später einem Freund. Phantasie fand er immer wichtiger als Wissen. Er nannte seinen Forscherdrang auch „eine ständige Flucht vor dem Staunen": sich nicht zufrieden geben mit dem stillen Bewundern des Unerklärbaren, sondern neugierig nach Erklärungen suchen. Die schönste Gabe der Natur sei die Freude am Schauen und Begreifen.

Bei aller Forscherlust aber war er zugleich begeistert vom Geheimnisvollen, vor dem sich der Mensch „in Ehrfurcht verlieren" kann. Das wäre doch einen Versuch wert: Kann ich mich wieder wie der neunjährige Albert begeistern über das märchenhafte Licht der elektrischen Lampen in meiner Straße?

WTK

12 DAS LEBEN IST LIEBENSWERT, weil die Stille so still ist

Stille ist ein seltsames Phänomen. Obwohl wir sie gerne beschwören und uns nach ihr sehnen, vermeiden wir sie gewöhnlich so sehr, dass man meinen könnte, wir hätten vor nichts mehr Angst als vor der Stille. „Es ist still um ihn geworden" ist bei Prominenten eine freundliche Umschreibung von „der ist völlig out". Ein Satz wie „Die ist immer so still" steht oft für „von der kommt doch nie was". Es scheint, wir kennen von der Stille nur die Schattenseite und wüssten zu wenig von der heilsamen Kraft der Stille, wie sie der dänische Philosoph Sören Kierkegaard im Blick hatte: „Wenn ich Arzt wäre und mich jemand fragte: Was meinst du wohl, was getan werden sollte? – Ich würde antworten: Das Erste, die unbedingte Bedingung dafür, dass überhaupt etwas getan werden kann, also das Erste, was geschehen muss, ist: Schaff Schweigen, hilf anderen zum Schweigen!"

Das heilsame Schweigen ist freiwillig, nicht erzwungen. Es ist eine klare Stille, die aus dem Innehalten kommt. Eine gelassene Stille, die uns zum Wesentlichen führt und dort nährt.

Von dieser heilsamen Stille, die aus dem Schweigen kommt, erzählt eine alte orientalische Geschichte: Ein weiser Lehrer saß einmal versunken in den Zustand der Verzückung, als einer seiner Schüler zu ihm kam und mit ihm diskutieren wollte. Der Lehrer sagte nur ein einziges Wort: Stille! Und sein Schüler war still. Er ging nach Hause und blieb still. Er sprach überhaupt nicht mehr. Jahrelang. Aber irgendwann fing sein Schweigen an, laut zu sprechen und hell zu strahlen. Sein stilles Denken wurde zur Inspiration. Sein stilles Lächeln wurde zur Wohltat. Sein stiller Blick heilte Wunden. Sein stilles Leben lud andere ein, sich eine Weile im Schweigen auszuruhen und das Reich der Stille zu genießen. Seine unerschöpfliche Stille war ein fürstliches Geschenk für alle, die in dieser lauten Welt nicht alleine zur Stille gefunden hatten. Deswegen wurde er von den Leuten dankbar und respektvoll der König der Stille genannt.

Wer diese Art von Stille versteht und schätzt, hat einen guten Grund, das Leben zu lieben.

MK

13 DAS LEBEN IST LIEBENSWERT, weil wir jeden Morgen bei Null anfangen können

Die bedeutendste Erfindung in der Geschichte der Mathematik ist die Zahl Null. Ein Zeichen für das Nichts. Was uns heute selbstverständlich vorkommt, hat in der Menschheitsgeschichte eine sehr langwierige Entwicklung benötigt.

Am wichtigsten war dabei, die Null zu begreifen als erste Zahl einer Reihe: Null, 1, 2, 3, 4 und so weiter. Das ist die positive Null, der Startpunkt am Anfang der fortlaufenden Zeit. Es ist, so hat es der Philosoph Joseph Needleman gesagt, die amerikanische Null. „Bei Null anfangen, mit Nichts beginnen. Das ist die Idee Amerikas. Wir beginnen nur mit unserem eigenen Verstand, unserer eigenen Sehnsucht, unserer eigenen Suche."

Ich denke, dass es so eine „amerikanische Null" nur geben kann, weil im menschlichen Denken diese Art von Null enthalten ist. Wir können das Nichts als Verlust sehen, als Leere und Öde. Aber wir tragen in uns auch den Keim der „amerikanischen Null", die stille Freude über das leere Blatt, das Gespür für die Kraft, die in einer unbesiedelten Weite steckt. Die „amerikanische Null" ist eine Null voller Hoffnung und Zuversicht. Und ein guter Anfang, weil er das Eigene in uns fördert.

WTK

14 DAS LEBEN IST LIEBENSWERT, weil wir uns selbst Fragen stellen können

Es gibt ein Dilemma, das als *questio crocodilina* bekannt ist, die *Frage des Krokodils*. Die düstere Geschichte geht so: Ein Krokodil raubt einer Mutter das Kind. Die Mutter fleht es an, ihr das Kind wiederzugeben. Das Krokodil ist einverstanden, allerdings nur unter einer Bedingung: Es will der Mutter eine Frage stellen, auf die sie eine wahre Antwort geben muss. Damit sitzt die Mutter aber in der Krokodilfalle. Denn die Fangfrage lautet: „Werde ich dir das Kind zurückgeben?" Wenn sie mit „Ja" antwortet, kann das Krokodil das für nicht wahr erklären. Antwortet die Mutter mit „Nein", kann das Krokodil auch das als nicht wahr bestimmen. So oder so ist das Kind verloren. Und die Moral von der Geschichte? Es lohnt sich nicht, Krokodilen zu antworten. Im Gegenteil, von fragenden Krokodilen sollte man sich möglichst fern halten.

Hans Blumenberg war ein Philosoph mit einem Faible für abstruse Geschichten, über die er tiefsinnig reflektieren konnte. In einer davon kommt auch ein Krokodil vor: Der bekannte Archäologe Max Mallowan leitete zwischen den Weltkriegen eine Ausgrabung in Mesopotamien. In seinem Team war ein junger Ire namens Gallagher, der folgende Geschichte erzählte: Ein Onkel von ihm wurde in Burma von einem Krokodil angegriffen. Das Krokodil wurde erlegt, aber für den Onkel war es zu spät, das Tier hatte ihn schon verspeist. Der Neffe beschloss daraufhin, das Krokodil ausstopfen zu lassen und es nach Hause zur Tante, jetzt Witwe, zu schicken.

Nun legt Blumenberg mit seinen Fragen los: War diese Zusendung pietätvoll oder eher brutal? Hatte das Krokodil noch Zeit gehabt, um den Onkel zu verdauen? Wenn es damit schon fertig war, sich also gar keine Onkelreste mehr in ihm befanden, hätte man es dann überhaupt noch erschießen dürfen? Für Blumenberg stellte sich also die Frage nach der Identität des Richtung Heimat beförderten Wesens. Hatte der Neffe nun den Onkel oder ein Krokodil nach Hause geschickt? Hatte die trauernde Witwe den

Mörder oder das Opfer im Haus empfangen? Statt sich vorschnell mit der Geschichte zufrieden zu geben, blieb der Philosoph lieber bei seiner Kunst, immer weiter nachzufragen. So kamen neue Möglichkeiten ins Spiel, über uns selbst und die Welt nachzudenken. Sich selbst Fragen zu stellen, die über Krokodile hinausführen, lohnt sich also sehr wohl.

MK

15 DAS LEBEN IST LIEBENSWERT,
weil wir „Wow!" sagen können

Wenn ich den nächtlichen Sternenhimmel anschaue, hat das eine äußerst beruhigende Wirkung auf mich. Das Universum strahlt Stille aus und eine majestätische Ruhe.

Betrachtet man einen einzelnen Stern mit einem halbwegs guten Fernrohr, stellt sich das schon anders dar: Innerhalb weniger Sekunden hat sich der Stern im Blickfeld bewegt, und schnell ist er ganz aus dem Ausschnitt verschwunden, so dass man das Fernrohr korrigieren muss.

Die Erde dreht sich, mit über 1 600 Stundenkilometern. Gleichzeitig fliegt sie mit 100 000 Stundenkilometern um die Sonne. Die ganze Schöpfung, die so ruhig um uns herum erscheint, befindet sich in atemberaubender Bewegung. Die Sterne, die wir ruhig am Himmel stehen sehen, fliegen in Wahrheit mit enormem Tempo durch das Nichts des Weltalls.

Selbst wenn wir eine idyllische Naturszene betrachten, rasen dabei die Lichtwellen mit 300 000 Kilometern pro Sekunden auf die Netzhaut unserer Augen. Mit der gleichen Geschwindigkeit schwingen die Atome, unaufhörlich.

Die Schöpfung ist ein gigantisches Lebewesen. Wir sind ein Teil davon und erhalten unsere Energie aus dem großen kosmischen Tanz. Wie alle anderen tanzen wir ihn mit, aber als Einzige können wir dabei rufen: „Wow! Danke!"

WTK

16

DAS LEBEN IST LIEBENSWERT, weil die einfachen Dinge die schönsten sind

Im Amerika des 19. Jahrhunderts lagen über die Bundesstaaten Kentucky und Maine verstreut 19 Shaker-Dörfer, deren rund 1 000 Bewohner einer Lebensphilosophie folgten, die gleichermaßen von Pragmatismus und Frömmigkeit geprägt war. Die religiöse Gemeinschaft der Shaker glaubte, dass man die vollkommene Schönheit des Himmels durch ein einfaches und reines Leben auf die Erde holen könne. In ihrer Arbeit und in ihrem Alltag spielte das Gebot der Schlichtheit eine wichtige Rolle. Schlicht sollten die Gebrauchsgegenstände sein – aber nicht hässlich. „Stelle nichts Unnötiges und Unnützes her; das Notwendige und Nützliche aber mache auch schön." So lautete die ästhetische Faustregel der Shaker. Unter dieser Prämisse erfanden sie die hölzerne Wäscheklammer, den Drehstuhl, die Kreissäge oder die Samentütchen. Ihre Möbel waren zeitlos schöne Stühle, Tische und Bänke, die wie alle anderen nützlichen Dinge auch von Hand mit höchster Sorgfalt hergestellt wurden.

Der Shaker-Stil verzichtet auf jedes unnötige Detail. Die Formen von Möbeln, Schachteln oder Besen werden von ihrem künftigen Zweck her entwickelt. Dieser Pragmatismus verleiht den fertigen Dingen eine große Ausstrahlungskraft. Ein Shaker-Stuhl ist so ganz und gar ein Stuhl, dass man beim Betrachten das Gefühl haben kann, noch nie einen schöneren Stuhl gesehen zu haben. Schönheit und Schlichtheit sind eins geworden, ein Grund, sich von Herzen zu freuen, wie es in einem alten Shaker-Lied heißt: „Ein Leben in Schlichtheit zu führen ist eine Gabe, frei zu sein ist eine Gabe, am richtigen Platz zu sein ist eine Gabe, und wenn wir uns am richtigen Platz befinden, werden wir Liebe und Freude erleben."

Erklären Sie heute einen einfachen Alltagsgegenstand in Ihrer Wohnung zum Repräsentanten dieser Lebensfreude, die aus der schlichten Schönheit kommt. Wann immer Sie ihn sehen, haben Sie Grund genug, sich an das Lied der Shaker und ihre einfache Weisheit zu erinnern. Es ist ein Geschenk, einfach zu sein. Es ist ein Geschenk, frei zu sein. Es ist ein Geschenk, dort anzukommen, wo man hingehört.

MK

17 DAS LEBEN IST LIEBENSWERT, weil die Schokolade nicht verboten wurde

Die Geschichte vom Schokoladenpapst spielt im Jahre 1569. Die Reformation in Europa war in vollem Gang, und in der katholischen Kirche herrschte Krisenstimmung. Man probierte es mit vielem, unter anderem mit der Verschärfung der Fastenregeln: kein Fleisch, kein Fisch, kein Ei. Gleichzeitig kamen spanische Nonnen in Mexiko auf die Idee, von dem eigenartigen einheimischen Gebräu Xocoatl das schaumige Fett abzuschöpfen und es mit Vanillezucker zu vermischen. Das war die Geburtsstunde der Trinkschokolade, die allen Fastenregeln entsprach, und bald darauf fanden zur Fastenzeit in der neuen Welt regelrechte Süßwarenorgien statt.

Das war den Bischöfen in Rom ein Dorn im Auge, und sie brachten das Problem vor Papst Pius V. Als man ihm ein Tässchen der umstrittenen heißen Schokolade zum Probieren kredenzte, da fand es seine Heiligkeit so grässlich, dass er es ausspuckte und verfügte: „Dies Getränk bricht das Fasten nicht." Pius war ein geschickter Krisenmanager, ein gefürchteter Inquisitor, der viele Bücher auf den Index setzen ließ, ein auch gegen sich selbst strenger Mann. Und ausgerechnet er wurde zum entscheidenden Wegbereiter der beispiellos erfolgreichen Schokolade – nur weil er persönlich Süßigkeiten hasste.

Möglicherweise bleibt ja auch von Ihnen etwas in guter Erinnerung, das Sie ganz nebenbei gemacht haben. Eine Tat, die viel unperfekter war als alle Ihre gut gemeinten Werke.

WTK

18 DAS LEBEN IST LIEBENSWERT,
weil wir Kerzen anzünden können

Vor einiger Zeit saßen wir plötzlich im Stockdunkeln. Es war ein Dezemberabend und beim Blick aus dem Fenster hinaus war klar: Das Licht in sämtlichen Nachbarhäusern war gleichfalls erloschen, keine einzige Straßenlaterne brannte mehr. Wir hatten im ganzen Ort einen totalen Stromausfall. Schlagartig war da eine samtene Stille, die man so nicht kennt, wenn das Licht an ist. Zum Glück lag mein Handy in Griffweite neben mir. Ich konnte die Taschenlampe darin anschalten und mich auf die Suche nach der restlichen Familie machen. Die Idee hatten alle anderen auch, so ergab sich ein seltsam bleichgesichtiges Stelldichein im Flur. Anfangs waren wir leidlich „amused" über die kleine Unterbrechung. Dann aber lasen wir auf den Displays die Nachricht des Netzbetreibers, dass die Reparatur frühestens in zwei Stunden behoben sein würde.

Es war der Moment, wo ich vom Handy auf die Kerze umstieg. Besser gesagt, auf alles, was an Kerzen und Teelichtern greifbar war. Zum Glück haben wir Deutschen gerade in der Vorweihnachtszeit diesen „Kerzenfimmel", wie unsere amerikanischen Freunde es nennen. Kerzen sind bei mir definitiv immer vorrätig. Im Nu hatte sich unser Wohnzimmer in eine tröstliche Insel mit Licht verwandelt. Das warm schummrige Kerzenlicht kam unserem Teint sehr zugute. Der Stimmung auch. Es gab ein kaltes Abendessen, aber dafür eine herrlich ausgedehnte Gesprächsrunde, all die stromabhängigen Beschäftigungen mussten ja zwangspausieren. Die herbeigeschleppten Lichter verliehen unserem Esstisch etwas von der Noblesse einer Tafel aus dem 18. Jahrhundert. Einer Tafel, an der man sich alle Zeit der Welt füreinander nehmen konnte, weil es keine Ablenkungen gab. Es lohnt sich also wirklich, Kerzen zu Hause zu haben. Man sollte aber auch wissen, wo die Streichhölzer liegen.

MK

19

DAS LEBEN IST LIEBENSWERT,
weil die Welt so unvollkommen ist

Pflanzen können nicht laufen. Um dauerhaft zu überleben, müssen sie aber dafür sorgen, dass ihre Nachkommen an weiter entfernten Orten wachsen. Ein Problem, das sie mit den grandiosesten Konstruktionen ihrer Samen lösen. Wir kennen die Fallschirme des Löwenzahns, die Sprungfedertechnik des Springkrauts oder die Pollen von Blütenpflanzen, die bei ihrem Verteilsystem auf die Flugrouten der Bienen vertrauen.

Bemerkenswert finde ich die Methode der Haselnuss. Sie produziert äußerst nährstoffreiche, feste und hervorragend lagerfähige Früchte, die nur interessant sind für Kleinsäugetiere. Die Haselnuss vertraut nicht nur darauf, von Eichhörnchen und Haselmaus gesammelt und eingelagert zu werden. Sie vertraut bei ihrem exakt eingefädelten Fortpflanzungsprogramm auch darauf, dass Eichhörnchen und Haselmaus dabei *nicht* exakt arbeiten. Würden die Nagetiere alle Nüsse restlos verputzen, wären die Samen der Haselnuss verloren. Ihre Chance ist, dass die Tiere einige ihrer Vorratskammern vergessen oder nur halb ausräumen.

Mir gefällt es, dass auch die Unvollkommenheit zur Schöpfung gehört. Unsere Vergesslichkeit, unsere Launen, unsere Fehler, vor allem die ewig wiederkehrenden – es gibt immer wieder viele Gründe, sich darüber aufzuregen. Aber auch sie sind Teil eines großartigen Systems.

WTK

20 DAS LEBEN IST LIEBENSWERT, weil jeder Tag mit einem Vormittag beginnt

Auch wenn man die ganzen Ferien lang eine Nachteule ist und den Vormittag lieber mit Ausschlafen im Bett verbringt, so muss man doch ehrlicherweise zugeben, dass diesem Murmeltierleben etwas fehlt. Aber was eigentlich? Die Anzahl der Stunden, in denen man wach ist, ist ja in etwa gleich geblieben, sie hat sich nur in die Nacht hinein verschoben. Was man als Langschläfer versäumt hat, was dann unwiederbringlich verronnen ist, war der Morgen eines neuen Tages.

Der Vormittag hat seine eigene Philosophie, stellte Friedrich Nietzsche fest. Nur in seinen ersten Stunden verströmt er ein Licht, das uns „lauter gute und helle Dinge zuwirft". Die Freigebigkeit der Frühe, ihre Frische und Zuversichtlichkeit, ihr reines Leuchten auch nach einer dunklen Nacht, das ist die Morgengabe eines Vormittags. Die frühen Stunden reinigen den Geist, mobilisieren den Körper, fördern das Nachdenken und führen auf heiterem Wege zur Entschlusskraft. Man kann sich auf dieser „Energiewelle" durch den Vormittag tragen lassen und unglaublich viel erledigen dabei. Das Ergebnis: Eine kompakte, gesättigte Fülle und Zufriedenheit, zusammengetragen in wenigen Stunden, wie es keine andere Tageszeit hervorzubringen versteht.

Hektik gehört, wohlgemerkt, aber nicht dazu. Im Gegenteil! Zur „Philosophie des Vormittags" gehört für Nietzsche ein stilles, gleichmäßiges Vorwärtsgehen, das je nach Tagesform einmal fröhlich, dann wieder nachdenklich sein kann. Der Philosoph des Vormittags ist ein Wanderer, der seine Freude am Wechsel hat, nirgends hängen bleibt und darum wirklich Fortschritte macht. Sein Lohn liegt im „Gleichmaß der Vormittagsseele", die „zwischen dem zehnten und zwölften Glockenschlag ein so reines, durchleuchtetes, verklärt-heiteres Gesicht" hat – wie der Vormittag selbst.

MK

21 DAS LEBEN IST LIEBENSWERT, weil wir glücklicherweise Macken haben

Wenn ein Mann und eine Frau sich in einander verlieben, dann geschieht das nur selten gleichzeitig. Einer der beiden verliebt sich zuerst, und er muss um den anderen Partner werben.

Der Mensch hat dabei viele Möglichkeiten, und die schönsten davon sind Verstand und Phantasie. Beides sind Gottesgaben, die wir durchaus auch zu diesem Zweck mitbekommen haben. Es gibt eine schöne Anekdote, die von dieser himmlischen Phantasie der Liebe handelt:

Moses Mendelssohn, der Großvater des berühmten Komponisten Felix Mendelssohn-Bartholdy, war ein feiner Mensch, aber von hässlicher Gestalt. Seit seiner Geburt war er mit einem Buckel gestraft und wurde deswegen viel gehänselt. Eines Tages besuchte er einen Händler in Hamburg, der eine wunderschöne Tochter namens Fromet hatte, und Moses verliebte sich unsterblich in sie. Es dauerte etwas, bis er es endlich wagte, sich ihr zu erklären.

Fromet muss geschockt gewesen sein und konnte wohl nur mühsam ihre Abneigung gegenüber dem hässlichen jungen Mann verbergen. Aber Moses blieb hartnäckig, und fragte die Angebetete: „Glauben Sie, dass Ehen im Himmel geschlossen werden?" „Oh ja", antwortete die fromme Fromet, und Moses fuhr fort: „Bevor ein Junge geboren wird, so gibt ihm Gott noch im Himmel bekannt, welches Mädchen er zur Frau bekommen wird. So wurde auch mir meine zukünftige Braut gezeigt, und Gott sagte: ‚Deine Frau wird besonders liebenswert sein, aber leider wird sie einen Buckel haben.' ‚Oh nein, Gott!', rief ich zu ihm, ‚das wäre furchtbar. Ich bitte dich, mach sie wunderschön, und gib *mir* den Buckel!'"

Bald darauf heirateten die beiden, und führten, so wird erzählt, eine lange, glückliche Ehe.

WTK

22 DAS LEBEN IST LIEBENSWERT, weil der Teufel nicht singen kann

„Die Musik hat von allen Künsten den tiefsten Einfluss auf die Psyche. Ein Gesetzgeber sollte sie deshalb am meisten unterstützen." Dieser Satz stammt nicht von einem Psychologen oder Juristen, sondern von Napoleon. Heute hat die Musiktherapie seine Ansicht bestätigt: Musik, und dabei ganz besonders das Singen, fördert die Persönlichkeit besonders stark. Schon bei Babys beschleunigen Wiegenlieder die Persönlichkeitsentwicklung und Kreativität, weil sie ihre linke und rechte Hirnhälfte benutzen müssen, um den Gesang zu verstehen. Kleinkinder nutzen das eigene Singen bereits, um sich selbst Mut zu machen, Situationen zu erinnern und ihre Gefühle zum Ausdruck zu bringen. Wer gerne singt, entwickelt auch ein besseres Körpergefühl, weil er von Melodie und Rhythmus angeregt wird, sich zu bewegen.

Aus dem Klang Ihrer Stimme kann man aber auch Ihre augenblickliche Stimmung erkennen. Freude, Schwermut, Ärger, Begeisterung verändern eine Stimme. Ganz egal, wie Sie sich gerade fühlen, Ihre Stimme ist ein klingendes Hologramm Ihrer Person. Inzwischen haben wissenschaftliche Frequenzanalysen Erstaunliches ergeben. So stimmen zum Beispiel Menschen, die miteinander sprechen, ihre persönlichen Stimmfrequenzmuster aufeinander ab – aber nur, wenn sie sich mögen und gut verstehen. Wenn man dagegen sehr traurig ist oder eine Depression hat, verändert sich die eigene Stimme zum Negativen hin. Sie wird „stumpf" und büßt ihre hohen Obertöne ein. Da hilft nur eines: dagegen ansingen! Schon Schiller empfahl in „Die Macht des Gesanges", Lieder gegen Kummerfalten einzusetzen. Und tatsächlich scheint der Gesang heilsame Energien in uns zu wecken. Über 50 % aller Erwachsenen fühlen sich allein schon nach etwas Singen besser. Singen schenkt Freude, es verringert Angst, es baut Stress ab. Singen reduziert

Trauer, senkt Schmerzen und vertreibt Müdigkeit. Ein wahres Wundermittel steht uns da zur Verfügung. Was der Seele so gut tut, kann nur vom Himmel sein: „Tausend Künste kennt der Teufel, aber singen kann er nicht; denn Gesang ist ein Bewegen unsrer Seele nach dem Licht."

MK

23 DAS LEBEN IST LIEBENSWERT, weil manchmal die Zeit stehen bleibt

Haben Sie schon einmal im Kino, während eines wirklich beeindruckenden Films, auf die Uhr geschaut? Wahrscheinlich nicht. Denn in diesem Moment wäre die Illusion vorbei. In diesem Moment würden Sie merken, was da noch alles gleichzeitig abläuft: Draußen geht das Leben weiter, während hier Bilder einer ganz anderen Zeitdimension auf eine Leinwand projiziert werden.

Alle großen Momente in unserem Leben sind einfache Momente. Beim ersten Kuss zum Beispiel. Da schien die Zeit still zu stehen, da liefen nicht mehrere Dinge parallel, sondern da war ich ganz gefangen von diesem einzigen Ereignis.

Man kann von solchen großen Momenten lernen, wie das Leben wieder einfacher und klarer werden kann. Einfach ist das Gegenteil von mehrfach. Die Sucht, mehrere Dinge gleichzeitig tun zu wollen oder sogar tun zu müssen, das ist die Hauptursache für ungesunden Stress und Unzufriedenheit. Eine Aufgabe ist gut, und sei sie noch so schwer. Aber ein Stapel mehrerer Aufgaben, die alle eigentlich getan werden müssten, während man sich nur einer von ihnen widmen kann, das ist die Hölle.

Jesus war einmal bei zwei Schwestern eingeladen. Maria, so hieß die eine, hörte ihm zu. Die andere, Marta, wirbelte währenddessen in Küche und Haushalt herum, beschäftigt mit zig Aufgaben. Jesus sagte es klipp und klar: „Marta, Marta, du machst dir viele, viele Sorgen. Notwendig aber ist nur eins. Maria macht es einfach richtig."

WTK

24

DAS LEBEN IST LIEBENSWERT, weil ein Handicap uns nicht schaden muss

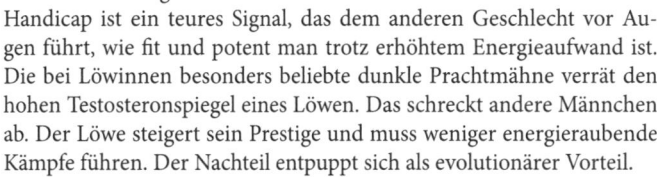

Wie hinderlich muss das prächtige lange Schwanzgefieder für einen Pfau sein, wenn ihm ein Feind auf den Fersen ist? Warum leisten sich Löwenmännchen unter der sengenden Sonne Afrikas ihre furchtbar dicke Mähne und nehmen dafür gehörigen Hitzestress in Kauf? Warum verausgaben sich Grillen mit ihrem Zirpen und machen damit ihre natürlichen Feinde lautstark auf sich aufmerksam? Sie alle nehmen einen gehörigen Nachteil in Kauf, weil sie zum Ausgleich dafür mehr Erfolg bei der Brautschau haben. Ihr Handicap ist ein teures Signal, das dem anderen Geschlecht vor Augen führt, wie fit und potent man trotz erhöhtem Energieaufwand ist. Die bei Löwinnen besonders beliebte dunkle Prachtmähne verrät den hohen Testosteronspiegel eines Löwen. Das schreckt andere Männchen ab. Der Löwe steigert sein Prestige und muss weniger energieraubende Kämpfe führen. Der Nachteil entpuppt sich als evolutionärer Vorteil.

Das Handicap-Prinzip kann man auch bei Menschen beobachten, die einen scheinbaren Nachteil in ihren ganz persönlichen Erfolg verwandeln. Wie Marilyn Monroe, die als Stotterin aus dem Handicap ihr Markenzeichen machte. Mit einer „überlüfteten" Sprechweise hauchte sie die harten Anlaute an und verlieh so ihrer Stimme den unverwechselbaren Sexappeal. Auch der Schauspieler Rowan Atkinson stotterte. Dann schlüpfte er in die Rolle des Katastrophenkomikers Mr. Bean und brachte stumm mit extremer Mimik ein Millionenpublikum zum Lachen.

Dass man nie zu alt ist, um einem Handicap zu trotzen, bewies in der Coronapandemie ein anderer Brite. Captain Tom Moore hatte einen Hüftbruch hinter sich, konnte nur mühsam gehen. Mit 99 Jahren beschloss der Kriegsveteran, mit seinem Rollator im eigenen Hinterhof einen Spendenlauf im Tippelschritt zu starten. Am Ende hatte er 39 Millionen Pfund zu Gunsten des britischen Gesundheitsdienstes NHS eingesammelt. Er wurde von der Queen zum Ritter geschlagen. Zu seinem 100. Geburtstag erreichten den inzwischen verstorbenen „Lockdown-Hero" 140 000 Glückwunschkarten. Zeichen des weltweiten Respekts dafür, wie man eine Schwierigkeit auf sich nehmen und in ein ermutigendes Signal der Stärke verwandeln kann.

MK

25 DAS LEBEN IST LIEBENSWERT, weil Gesetze dem Leben dienen wollen

Ich habe mal gezählt: 156 Verkehrsschilder sehe ich auf meinem Weg zur S-Bahn, und der ist gerade mal 1000 Meter lang. Wenn man normal schnell mit dem Fahrrad fährt, heißt das: alle zwei Sekunden ein Schild. Bei der Fahrt mit dem Auto, mit dem Sie vielleicht vor kurzem noch unterwegs waren, da ist das manchmal gar nicht mehr messbar.

Die Verkehrsschilder sind dabei nur die sichtbare Spitze eines riesigen Eisbergs – alles soll bis ins Kleinste juristisch geklärt sein. Wie überleben wir nur in so einer mit Regeln und Vorschriften zugepflasterten Welt? Eine ähnliche Situation gab es zur Zeit Jesu. Unzählige Gesetze sollten jede Kleinigkeit im täglichen Leben des jüdischen Volkes regeln. Und was hat Jesus gemacht? Er hat auf die Menschen geschaut, nicht auf die Gesetze. Die Gesetze sind um der Menschen willen da, hat er gesagt, und nicht umgekehrt. Das führte dazu, dass er manchmal – um der Menschen willen – gegen unsinnige Gesetze verstoßen hat, etwa Kranke am Sabbat geheilt, obwohl das damals verboten war.

Also ich sage damit nicht, dass Sie jetzt mit 80 durch die Tempo-30-Zonen brettern dürfen. Aber verlieren Sie vor lauter Verkehrsschildern auf den Straßen und vor lauter Vorschriften im eigenen Kopf nicht das Bewusstsein, wofür all das einmal gedacht war: als rücksichtsvoller Schutz für uns alle, formuliert aus dem Wissen heraus, dass wir verletzliche Wesen sind. Daran sollten wir denken, wenn wir Schilder sehen.

WTK

26 DAS LEBEN IST LIEBENSWERT, weil es Frühling, Sommer, Herbst und Winter gibt

Die vier Jahreszeiten bilden einen großen Kreis, in dem die Schöpfung ihre Schönheit entfalten kann. Jede Jahreszeit geht aus der vorigen hervor und lebt in der folgenden weiter. Alle vier sind großartige und weise Lehrer. Wenn man den Wechsel von Werden und Vergehen in der Natur meditiert, lernt man auch, mit diesen einfachen Prozessen im Leben bewusster umzugehen. Man nimmt sich selbst wahr als zu einem Ganzen gehörend, in dem nichts verloren geht und immer wieder Kraft sich regt.

Der Wechsel zwischen den vier Jahreszeiten vollzieht sich meistens nicht abrupt, sondern so selbstverständlich und leise, dass wir es kaum wahrnehmen. Man kann sagen, dass die Natur die richtige Einstellung und ein fantastisches „Zeitgefühl" für den Wechsel hat: Alles darf auf seine Weise und zu seiner Zeit aus der Mitte wachsen. Die Natur lässt sich nicht drängen. Sie lässt sich aber auch nicht aufhalten oder fixieren. Anders als wir Menschen, sucht sie nicht nach Dauer, sondern erlaubt sich beständigen Wandel. Fließen, strömen, wachsen, ineinander übergehen, reifen, sich auflösen, neu beginnen – in den vier Jahreszeiten kann man lesen wie in einer Landkarte, mit der man die Himmelsrichtungen im eigenen Leben verstehen lernt.

Die vier Jahreszeiten und ihre Rituale von Wachsen, Blühen, Vergehen helfen, das Jetzt zu heiligen, Übergänge zu gestalten, Abschiede zu verkraften und glückliche Augenblicke mit anderen zu teilen. Wer den Frühling, den Sommer, den Herbst und den Winter gleichermaßen schätzen kann, der erhält als Lohn eine fröhliche Gabe: die permanente Bereitschaft, sich so viele einzelne strahlende Augenblicke im Leben bewusst zu machen, wie es nur geht. Die Natur setzt freundlich ein Zeichen, der dankbare Mensch erwidert das Lächeln der Jahreszeiten und mehrt damit seine Daseinsfreude. So ist die Freude, wie Rainer Maria Rilke es ausdrückt, „einfach eine gute Jahreszeit über dem Herzen".

MK

27 DAS LEBEN IST LIEBENSWERT, weil ständig Verbesserungen erfunden werden

Ich erinnere mich noch an das Toilettenpapier in meiner Kindheit. Dünn war's, manchmal auch kratzig. Am meisten genervt hat mich der Anfang einer neuen Rolle. Die ersten paar Blätter gingen immer verloren, weil es ein furchtbares Gefriemel war, bis ich den Kleber entfernt hatte. Manchmal entstand bei mehreren Lagen noch ein Durcheinander. Ähnlich war's am Schluss. Die letzten Blätter klebten nutzlos am Pappkern.

Und jetzt? Ich staune jedes Mal, wenn ich eine neue Rolle aufhänge. Vom ersten Blatt an ist alles tadellos benutzbar, genauso am Ende der Rolle. Die letzten Blätter sind nur noch ganz zart angeklebt. Modernes Toilettenpapier ist mehrlagig, reißfest und doch weich. Da wurde wirklich optimiert, an jedem Detail getüftelt, bis hin zum verbesserten Auflösungsprozess in Kanalisation und Kläranlage. So hat sich herausgestellt, dass sich Toilettenpapier besonders gut auflöst, wenn es aus Recyclingpapier gewonnen wurde.

Klopapier ist ein Alltagsgegenstand, den wir in der Pandemie plötzlich ganz neu zu schätzen wussten. Ein guter Grund, um sich wieder einmal klar zu machen, dass wir es hier mit Entwicklung im wahrsten Sinn des Wortes zu tun haben: Menschen verbessern auch die Kleinigkeiten im Leben, ständig. Da stecken überall Spezialisten und Tüftler dahinter, die nicht eher aufgeben, bis sie eine Verbesserung erreicht haben.

Ich finde, das ist eine wichtige Beobachtung. Denn bei immer mehr Leuten herrscht die Überzeugung, es sei genau anders herum: Alles wird schlechter, die Menschen werden ungenauer, nachlässiger, liebloser. Nein. Das glaube ich nicht. Es gibt zwar noch viel zu tun, aber auf lange Sicht und in vielen kleinen Schritten wird diese Welt: besser. Die Menschheit: klüger. Die kleinen und die großen Mängel: behoben.

WTK

28 DAS LEBEN IST LIEBENSWERT, weil wir einander würdigen können

Wenn man einen anderen Menschen um Hilfe bittet, blitzt man häufig ab. Er will nicht. Vielleicht, so legt es ein Experiment an der Universität von San Diego in Kalifornien nahe, lag es nur an der falschen Redeweise. Die Forscher baten über 150 Kinder mithilfe verschiedener Formulierungen, ihr Spiel zu unterbrechen und dafür einem Erwachsenen zur Hand zu gehen: um Ordnung zu machen, Spielzeug wegzuräumen oder einen Behälter zu öffnen.

Der Satz „Kannst du mir bitte helfen" war dabei weit weniger erfolgreich als die Frage „Willst du mein Helfer sein?". Der vermutete Grund: So eine Art Jobbeschreibung ist stärker mit der Persönlichkeit verknüpft. Sie richtet sich direkt an das emotionale Motivationszentrum im Gehirn. Dort leuchtet gleichsam eine neu entdeckte Fähigkeit auf: Wow, ich bin nicht nur ein normales Kindergartenkind, sondern in mir steckt das Zeug, für eine Aufgabe nützlich zu sein!

Sagen Sie zu Ihrer besseren Hälfte also nicht „Kannst du mir bitte beim Kochen helfen?", sondern „Schatz, ich brauche dich als Koch, als Saucenspezialistin, als weltbesten Pizzabäcker" oder was auch immer. Spüren Sie, wie sich der oder die Angesprochene dabei innerlich aufrichtet?

Es ist schön, gewürdigt zu werden. Es tut gut zu spüren, dass der andere etwas in mir sieht. Oft sogar mehr, als ich selbst in mir sehe. Und es tut gut, andere zu würdigen. Wertschätzung gehört zu den wundervollen Gaben, die sich beim Weitergeben vervielfachen.

WTK

29

DAS LEBEN IST LIEBENSWERT, weil es Buttersauce und feinsten holländischen Kakao gibt

In den Werken bedeutender Geistesgrößen findet sich so manche kleine Bemerkung, welche Freude sie an kleinen Dingen hatten. „Dinge, die trotzdem sie klein sind, für ihn das Leben oder doch des Lebens Bestes bedeuten", wie Theodor Fontane es formulierte. Der englische Schriftsteller J. B. Priestley stellte 1949 sogar einen eigenen Band („Delight") zusammen, in dem er die kleinen Freuden aufzählte, die zu seinem Vergnügen beitrugen. Dazu gehörten so einfache Dinge wie ein Frühstück mit Eiern und Speck zu verspeisen, einen Krimi im Bett zu lesen, mitten am Tag die Hände in den Schoß zu legen und die Faulheit zu genießen oder seine Zeit mit Kindern zu verbringen.

Kurt Tucholsky beschreibt seine „kleine Freude Nr. 72" folgendermaßen: „Wenn noch eine Kleinigkeit Buttersauce übrig geblieben ist und anderthalb Kartoffeln, und alle haben schon aufgegessen ... aber man kann sich da noch einen kleinen Privatbrei auf dem Teller zurecht machen. Erfreut sehr und schmeckt auch sehr gut." Auch der Dichter Robert Walser findet sein kleines Glück im Kulinarischen: „Frühmorgens erquickt sich meine Daseinslust an feinstem holländischen Kakao."

Der Kirchenvater Augustinus plädierte für andere Genüsse: „Lerne tanzen", riet er, „sonst wissen die Engel im Himmel nichts mit dir anzufangen." Der Philosoph Nietzsche freute sich am meisten über die Stille: „Das Wenigste gerade, das Leiseste, Leichteste. Einer Eidechse Rascheln, ein Hauch, ein Husch, ein Augenblick. Wenig macht die Art des letzten Glücks. Still!"

Jeder dieser klugen Köpfe verstand die Kunst, im Alltag die kleinen Dinge und Momente zu entdecken, die uns wirklich Freude machen und Lichtblicke im täglichen Einerlei bedeuten. Dazu muss man nur wissen, was einen entzückt und erfreut. Am besten, Sie stellen sich eine persönliche Liste kleiner Vergnügungen zusammen mit Ihren liebsten einfachen Freuden und Genüssen. Der Dramatiker Bert Brecht hat uns seine hinterlassen: „Duschen, Schwimmen, alte Musik, bequeme Schuhe, Begreifen, neue Musik, Schreiben, Pflanzen, Reisen, Singen, freundlich sein."

MK

30 DAS LEBEN IST LIEBENSWERT, weil es so herrlich normal ist

Wie sah Ihre letzte Woche aus? Nichts Besonderes passiert, eigentlich alles ganz normal? Dann darf man Ihnen gratulieren. Sie haben ein kleines Wunder erlebt, vielleicht ohne es zu wissen. Unzählige Menschen sehnen sich nach einem ganz normalen Leben. Es lohnt sich, den Alltag neu schätzen zu lernen, und im Normalen das Besondere zu entdecken. Etwa nach dem schönen Satz „Das Normale ist die normale Art Gottes, Wunder zu tun".

Ein ganz normaler unspektakulärer Tag enthält zahllose verborgene Wohltaten, die wir aus lauter Gewohnheit zwar kaum noch wahrnehmen, aber dennoch tagtäglich erfahren: Sie wachen in einem richtigen Bett auf, hatten die ganze Nacht über ein schützendes Dach über dem Kopf. Die Heizung funktioniert, das Bad ist kuschelig warm, das Wasser beim Duschen erst herrlich heiß, dann erfrischend kalt. Sie können ein frisch gewaschenes Hemd aus dem Schrank nehmen und anziehen. In aller Herrgottsfrühe bekommen Sie beim Bäcker um die Ecke eine neue Zeitung und frische Brötchen. Ein Nachbar, der seinen Hund ausführt, grüßt Sie freundlich. Ist das nicht ein fantastischer Anfang für einen ganz normalen Tag? Ist es nicht großartig zu wissen, dass das Normale ein Privileg ist, das uns täglich gewährt wird?

Und wie großartig, wenn Sie am Abend sagen können: Es war ein Tag, an dem niemand in der Familie krank war. Ein Tag, an dem ich Arbeit hatte und genug zu essen. Ein Tag, an dem Frieden im Land herrschte. Ein ganz normaler Tag meines Lebens, kostbar für mich wegen seiner Verlässlichkeit und Tragfähigkeit. Kostbar aber vielleicht auch um eines winzigen Augenblicks willen, der mir etwas ganz Besonderes gewährt hat, wofür ich dankbar sein kann. Ich muss sie nur sehen, die geheimnisvollen Offenbarungen des Alltags, wie sie da auf mich gewartet haben, gut versteckt in einem ganz normalen Tag, an dem es sich einfach lohnte zu leben.

MK

31 DAS LEBEN IST LIEBENSWERT, weil wir einfach die Blickrichtung ändern können

Wenn wir uns das Paradies vorstellen, reisen wir in Gedanken meist weit fort. Irgendwo im Süden, im Orient oder in Afrika, da könnte es Gartenlandschaften geben, die wahrhaft paradiesisch sind.

Auf einen ganz anderen Gedanken hat mich eine Ägypterin gebracht, also eine Frau aus dem ewig sonnigen Afrika. Die war zum ersten Mal hier in unserem Land und hat erzählt:

„Ihr Deutschen lebt im Paradies!" Und sie meinte damit nicht unsere Kaufhäuser oder unsere kulturell wertvollen Bauwerke. Nein, sie schwärmte von unserer Natur: „Ständig verändert und verzaubert sich bei euch alles. Bei uns in Ägypten dagegen ist es immer gleich. Bei euch gibt es im Winter Raureif und Schnee, Nebel, Regen, Graupeln und Hagel."

Und sie erzählte weiter von den Jahreszeiten: „Da werden bei euch die toten Bäume lebendig, sie blühen und bekommen frische junge Blätter. Im Sommer ist alles grün, und im Herbst wechseln die Bäume ihre Farbe. Ein Wunder!, habe ich gedacht, als ich das zum ersten Mal gesehen habe."

Man wird durch Gewohnheit blind für die Wunder, die man tagtäglich erlebt. Wir reisen gern in die Ferne, um das Paradies zu sehen. Dabei ist es gar nicht weit weg.

WTK

32 DAS LEBEN IST LIEBENSWERT, weil die Zeit nicht gleichmäßig vergeht

Je älter wir werden, umso schneller scheint die Zeit zu vergehen. Ein unangenehmes Phänomen. Forscher haben eine einfache Erklärung dafür gefunden: Mit zunehmendem Alter sortieren wir unsere Erlebnisse in altbekannte Schubladen. Wir staunen zu wenig.

Ein kleines Kind erlebt an einem Nachmittag auf dem Spielplatz mit anderen Kindern eine Fülle neuer Begegnungen und Eindrücke. Lauter Ereignisse, für die es neue Schubladen im Gehirn einrichten muss, um sie einzuordnen und sich daran zu erinnern. Mutter oder Vater dagegen, die dem Kind dabei zuschauen, legen die zwei Stunden Zeit auf dem Spielplatz in die große langweilige Schublade „Kind spielt".

Was lässt sich daraus lernen? Sich neue Schubladen ausdenken! Gewohnte Dinge auf eine etwas andere Weise tun. Neue Kategorien von Erlebnissen sammeln, etwas Neues lernen, Details im Alltag entdecken.

Die alten Griechen hatten zwei Worte für Zeit: Chronos, das ist die normale Zeit, die vergeht. Sie erscheint einem, je älter man wird, kreisförmig: Alles schon mal dagewesen. Der Gott Chronos, Vater des Obergottes Zeus, ist in der griechischen Mythologie gefühlt schon immer da, ruhig und mächtig. Das andere griechische Wort für Zeit ist Kairos, der Augenblick, der besondere Zeitpunkt, das „Jetzt". Als Gott wird Kairos mit fast kahlrasiertem Schädel dargestellt, nur ein Büschel am Hinterkopf ist stehengeblieben. Diese paar Haare gilt es, zu erwischen, wenn der schnelle Gott des Augenblicks vorbeikommt. Reste dieser Vorstellung sind noch erhalten in unserer Redensart „die Gelegenheit beim Schopfe ergreifen".

Lebenskunst ist, inmitten der gleichförmigen „chronischen" Zeit den glücklichen Moment zu entdecken, ihn an seinem Pferdeschwanz zu packen und wie Goethes Doktor Faust zu ihm zu sagen: „Verweile doch, du bist so schön!"

33 DAS LEBEN IST LIEBENSWERT, auch wenn wir Schweres ertragen müssen

Menschen, die ein Schicksalsschlag oder ein Unglück getroffen hat, sind Gezeichnete. Etwas Schlimmes hat sie aus dem Alltag herausgehoben. Sie stehen an einem einsamen Platz. Wir anderen spüren, da ist jetzt ein großer Abstand zwischen den Leidenden und uns. Nicht jeder kann oder will sich gleich auf Hilfe einlassen. Niemand erreicht ihn. Und das ist dann wieder schwer für alle, die gerne trösten und helfen möchten.

Aber vielleicht hat dieses Abstandhalten auch sein Gutes, so seltsam das für Sie klingen mag. Die Erfahrung von Distanz kann uns von der Illusion befreien, dass unsere Anteilnahme, unser Mitgefühl und unser gutgemeinter Trost den ganzen Verlust im Herzen dieser Menschen ausgleichen können. Sie sind – für eine Weile zumindest – untröstlich. Unser Trost erreicht sie einfach nicht.

Wenn man aber genau hinschaut, dann versteht man besser, warum bisweilen Leidende in dieser Phase erst einmal so viel Abstand wünschen. Sie müssen ihre Seelenkräfte ganz auf sich konzentrieren. Das ist die schwere Aufgabe unglücklicher Menschen. Dafür verdienen sie all unseren Respekt und unsere Geduld. Nach einer Weile ändert sich etwas. Die Distanz schwindet. Nähe ist wieder möglich. Und ein neues Wissen. Unter denen, die etwas Schweres durchgemacht haben, sind gar nicht einmal so wenige, die sagen: „Ich wünsche das keinem. Aber ich möchte diese Erfahrung auch nicht mehr missen. Durch meinen Schmerz bin ich dem Leben und mir selbst näher gekommen als je zuvor."

MK

34 DAS LEBEN IST LIEBENSWERT, weil wir Paradiese schaffen können

Der norwegische Forscher Thor Heyerdahl war als junger Student ein glühender Verfechter eines absolut naturnahen Lebens. Direkt nach seiner Hochzeit zog er mit seiner Frau auf die Südseeinsel Fatu Hiva, um mit ihr im Tropenwald wie Adam und Eva im Paradies zu leben. Es gibt Fotos von ihnen, wie sie nackt unter einem Wasserfall stehen, mit köstlichen tropischen Früchten in der Hand. Aber nach wenigen Wochen mussten sie den Plan aufgeben. Maden und Insekten hatten sich unter ihrer Haut eingenistet, und dem jungen Paar drohte die Gefahr, buchstäblich von ihnen aufgefressen zu werden.

Mediziner, die sich mit Naturvölkern beschäftigen, konstatieren trocken: Diese Menschen *leben* nicht im Einklang mit der Natur, sondern sie *sterben* im Einklang mit der Natur. Nirgendwo auf der Erde ist die Lebenserwartung niedriger als dort, wo Menschen vollkommen unbeeinflusst von der Zivilisation leben.

Meine Mutter bekam kurz vor meiner Geburt ein Medikament gegen die Rhesusfaktor-Unverträglichkeit, an der meine Schwester vor mir gestorben war. Ich verdanke mein Leben der modernen Medizin. Ich bin misstrauisch gegenüber radikalen „natürlichen" Lösungen. Ein Paradies hat es nie gegeben. Es ist ein rückwärts gerichteter Traum. Ich halte mich lieber an die kleinen und großen Paradiese, die wir Menschen mit viel Anstrengung selbst schaffen können. Sichere Orte mit ausreichend Essen, Medizin, Bildung und Arbeit.

WTK

35 DAS LEBEN IST LIEBENSWERT, weil wir in der Küche zu Philosophen werden

Wer wäscht heute ab? Wer räumt die Geschirrspülmaschine aus? Solche Fragen können manchmal zum Problem werden. Man kann aber auch eine wunderbare Lebensphilosophie daraus machen. Benedikt von Nursia, der Gründer des Benediktinerordens, ging in seiner „Regel für das Zusammenleben von Mönchen" auch auf praktische Fragen ein, die in einem solchen Männerhaushalt ja geklärt werden müssen, und schrieb:

Vom Küchendienst ist keiner ausgenommen. Den Schwachen aber gib Gehilfen, damit sie ihren Dienst verrichten können, ohne traurig zu werden.

Niemand wird bei irgendeiner Pflicht ausgenommen: Gemüse putzen, Töpfe kratzen, Gläser polieren. Für den weisen Benedikt sind alle Arbeiten gleich viel wert. Keiner soll sich drücken, es soll sich aber auch niemand opfern. Wenn sich jemand sehr schwertut, dann soll man ihn bei der Arbeit nicht alleine lassen, damit er nicht frustriert ist. Überarbeitung ist keine Tugend. Und eine Leidensmiene auch nicht.

Wie das in der Praxis aussieht? Einmal habe ich in einem Benediktinerkloster in der Küche mitgeholfen. Es war in Belgien, und ich habe kaum ein Wort verstanden. Aber eines war deutlich zu spüren: Es war der fröhlichste Platz im ganzen Kloster.

WTK

36 DAS LEBEN IST LIEBENSWERT, weil man in Pfützen tanzen kann

Bestimmt gibt es im Alltag eines jeden Menschen ein paar lästige Dinge, die ihn deshalb so nerven, weil er zwar zu ihrer Beseitigung allerhand unternommen hat, sie aber nicht wirklich losgeworden ist. Für mich fallen in diese Kategorie die unzähligen Schlaglöcher auf dem Parkplatz vor dem Kindergarten unserer Jüngsten. Hartnäckiges Intervenieren der vielen betroffenen Mütter bei der Gemeinde war nötig, bis ein Team des örtlichen Bauhofs anrückte, die Krater auffüllte und den Sand-Kies-Belag des Parkplatzes wieder schön einebnete. Das Schlagloch-Problem war gelöst, die Mütter waren zufrieden. Ein halbes Jahr lang. Ich weiß nicht, ob es am Winter lag oder an der mangelnden Sorgfalt der Bauhofmitarbeiter oder an beidem, auf jeden Fall waren bis zum nächsten Frühjahr endgültig alle Schlaglöcher wieder da. Unbezwingbar, lästig und für nichts gut.

Schlechte Dinge haben aber auch ihre guten Seiten, wenn man sie aus einer anderen Perspektive wahrzunehmen versteht. Und ein bisschen Hilfe von oben dazu kommt. In Form von Regengüssen zum Beispiel. Richtig dolles Regenwetter, bei dem es wie aus Eimern schüttet. Denn dann verwandeln sich die schauerlichen Schlaglöcher in unergründlich tiefe, schimmernde Gewässer. Wenn man dann auch noch vier Jahre alt ist, gelbe Gummistiefel und wasserdichte blaue Matschhosen trägt, sind Schlaglöcher etwas Wundervolles, nämlich die Grundvoraussetzung für ein kindliches Vergnügen der Extraklasse. Wie tief kann man heute hinein waten? Was muss man tun, damit das Wasser in alle Richtungen spritzt oder sich in sanften Wellen kräuselt? Und wie fühlt man sich, wenn man einfach ganz ruhig in der stillen Mitte einer Regenpfütze steht wie die Freiheitsstatue in den Wassern vor New York? Lauter spannende Fragen für kleine Alltagsforscher.

Ob man also lästige Dellen sieht oder großflächige luxuriöse Seen, das liegt nun wahrlich nicht an den Schlaglöchern, sondern nur an uns selbst. Und so nebenher beim Regentanz eine neue Sicht der Dinge zu entwickeln – das ist doch wirklich ein guter Grund zu leben.

MK

37 DAS LEBEN IST LIEBENSWERT, weil wir nicht zufällig im Weltall herumrasen

Die Pyramiden in Ägypten bergen noch manches Geheimnis. Eines wurde vor wenigen Jahren gelüftet: Warum sie so eigenartig über die Landschaft verteilt stehen. Die Lösung ist fast verblüffend einfach: Die Pyramiden von Gizeh bilden das Sternbild des Orion nach, sowohl in ihrer Anordnung als auch in ihrer Größe. Sie waren also nicht Denkmäler für einzelne Könige, sondern bildeten ein über viele Generationen verteiltes Gesamtkonzept. Durch einen dünnen Kanal, den man bislang immer für einen Belüftungsschacht gehalten hatte, sollte die Seele des toten Pharao genau zum hellsten Stern des Orion wandern. Der Schacht zielte vor 4000 Jahren mit größter Präzision auf eben diesen Stern.

Dahinter steckt die uralte Einsicht, dass Himmel und Erde in geheimnisvoller Weise aufeinander bezogen sind. Die Astrologie beruht auf der gleichen Idee. Und auch Christen beten im Vaterunser den Satz:

Dein Wille geschehe, wie im Himmel, so auf Erden.

Das ist mehr als der Glaube an das astrologische Räderwerk der Planeten, das uns beeinflusst. Es ist auch mehr als der Glaube, dass Könige zu Sternen werden. „Dein Wille geschehe", das ist erst einmal das Vertrauen, dass es einen solchen Willen gibt. Dass wir nicht zufällig im Weltall herumrasen, sondern Geschöpfe sind eines liebevollen, zielstrebigen Gottes. Der nicht im Himmel bleiben wollte, sondern als kleiner Säugling auf die Erde kam. Das ist so verborgen und so geheimnisvoll wie die riesigen Pyramiden.

WTK

38 DAS LEBEN IST LIEBENSWERT, weil man Postkarten schicken kann

In unserer Sippe hüten wir ein Jugendstilalbum, das einst ein Großonkel zur Erinnerung an seine Reisen im Jahr 1921 angelegt hatte. Damals war er als neunzehnjähriger Student von August bis Oktober quer durch Deutschland gefahren und hatte sich überall Postkarten von Städteansichten, Kirchen, Burgen und Bahnhöfen gekauft. Die meisten Postkarten sind schwarz-weiß, eher sepiabraun, einige sind zart kolorierte Landschaftsansichten. „Grüße aus der Ferne", steht in Goldprägung auf dem blütenumrankten Einband. Das erste Innenblatt bindet Gegenwart und Vergangenheit zusammen: Oben rauscht im Frühlingslicht ein dampfbetriebener Eisenbahnzug über eine Brücke, doppelter Nachweis moderner Ingenieurskunst. Darunter schimmert im Mondenschein eine romantische Burgruine vom Rhein.

Die Postkarte ist eine relativ junge, deutsche Erfindung. 1870 wurde sie als bilderlose „Correspondenzkarte" in Preußen offiziell von der Post genehmigt. Nur zehn Jahre später war sie schon in zwanzig anderen Ländern zu haben und trat dann als bedruckte Ansichtskarte ihren Siegeszug um die Welt an. Kein Tourist, der nicht eine Postkarte nach Hause schrieb. Dazu kamen Glückwunschkarten, Weihnachtskarten, Werbekarten und die besonders wertvollen handgemalten Postkarten, die Künstler wie Franz Marc verschickten. Die ersten Philokartisten frönten wie unser Großonkel dem Sammeln von Postkarten. Tatsächlich hatte man schon 1894 in Hamburg den ersten „Sammlerverein für Postkarten" gegründet. Es gab Auktionen, Fachzeitschriften erschienen. Die Postkarte war zum Star geworden.

Im digitalen Zeitalter der Echtzeitkommunikation auf allen Kanälen scheint die langsame Postkarte ein hoffnungslos rückständiges Relikt vergangener Zeiten zu sein. Aber gerade das macht sie zu etwas Besonderem. Angesagt ist zum Beispiel eine Mobile App, mit der man selbst Postkarten gestalten kann, die in Berlin gedruckt und von dort aus auch gleich versandt werden. Außerdem gibt es die Postcrosser, eine 2005 gegründete Onlineplattform, die bereits über 800 000 Mitglieder aus 204 Ländern zählt. Die meisten kommen aus Deutschland, Russland und den USA. Untereinander haben sich die Postcrosser schon über 59 Millionen Postkarten geschickt. Passend zum Trend kann man sich in 24 Ländern sogar Happy Postcrossing Briefmarken kaufen. Ein Mitglied aus Finnland schreibt: „Jedes Mal, wenn ich eine Postkarte bekomme, zaubert es mir ein glückliches Lächeln ins Gesicht. Es macht so viel Spaß, etwas über jemanden anderen zu erfahren. Ich habe gelernt, dass rund um den Globus die Menschen wirklich gleichwertig sind. Und weil es beim Postcrossing darum geht, friedliche Nachrichten zu verschicken, verdient es den Friedensnobelpreis."

Mit einem freundlichen Postkartengruß die Welt etwas friedlicher machen zu können, das ist doch ein lohnender Gedanke.

MK

39 DAS LEBEN IST LIEBENSWERT, weil die Faktenverdreher keine Zukunft haben

Als die heutige US-Historikerin Jill Lepore neun Jahre alt war, stahl ihr ein Junge aus der Nachbarschaft ihren brandneuen Baseballschläger. Sie hatte ihn von ihren Einnahmen vom Zeitungaustragen gekauft und mit rosa Nagellack ihren Nachnamen drauf geschrieben. Als sie den Jungen zur Rede stellte, erwiderte er, das Beweisstück in den Händen: „Der gehört mir." Jill war fassungslos: „Und warum steht dann mein Name drauf?" Der Junge behauptete, Lepore wäre der Name des Baseballclubs seiner italienischen Heimatstadt. „Du lügst!", rief sie. „Beweis es!", sagte der Junge, der stärker und größer war als das Mädchen.

Diese Geschichte erzählte Lepore in einem Artikel der Zeitschrift *The New Yorker*. Dieser Artikel gilt als Geburtsstunde des seitdem häufig verwendeten Begriffs „postfaktisch". Für Lepore war die absurde Gemeinheit des Nachbarjungen Ansporn, mit der Waffe der Vernunft gegen die dummen Machtmenschen ins Feld zu ziehen. Sie hat eine dicke Geschichte der Vereinigten Staaten von Amerika geschrieben, in der sie klar macht: Von Anfang an war diese Nation zutiefst zerstritten über die Freiheit und Gleichheit, die sie sich eigentlich auf die Fahne geschrieben hatte.

Was dem neunjährigen Mädchen passierte, erleben wir seit vielen Jahren kollektiv: Allgemein anerkannte Tatsachen werden bestritten, nach dem schrecklichen Motto: Der Stärkere hat Recht.

Dagegen hilft: Nicht einknicken vor den unsinnigen Behauptungen anderer! Es wagen, sich weiterhin des Verstandes zu bedienen. Behauptungen nicht einfach übernehmen, sondern kritisch hinterfragen. Seriöse Quellen nutzen. Fakten checken. Gemeinsam widersprechen. Den demokratischen Diskurs und die freie Meinungsäußerung verteidigen. Jill Lepore war fasziniert, dass es immer wieder Menschen gab und gibt, die davon überzeugt sind: Langfristig werden Recht und Vernunft siegen, nicht die Faktenverdreher, Diktatoren und Populisten.

WTK

40 DAS LEBEN IST LIEBENSWERT, weil Ausspannen keine Sünde ist

Zu den Anforderungen unserer Arbeitswelt gehört eine permanente Leistungsbereitschaft. Wer dieser Doktrin folgt, ist immer im Dienst, steht fortwährend unter Druck. Auf die Dauer wird das sehr anstrengend und belastet die Gesundheit des Körpers genauso wie die der Seele. Wenn Sie das von sich kennen, hilft Ihnen als Gegenmaßnahme vielleicht die folgende Geschichte. Es gibt eine hübsche alte Legende für alle, die nur die Arbeit kennen, keine Pause einlegen können und sich zu wenig Entspannung gönnen.

Ein Bogenschütze zog durch eine Gegend, in der sich der Mönch Antonius mit einer Anzahl von Brüdern niedergelassen hatte. Als er zur Mönchssiedlung kam, sah er, wie der heilige Antonius mit seinen Brüdern fröhlich zusammensaß. „Typisch Mönche", murmelte der Bogenschütze, „sitzen nur faul herum und tun nichts!" Antonius hatte das gehört und winkte ihn zu sich. „Leg doch einmal einen Pfeil auf deinen Bogen und spanne die Sehne an", bat er. Der Bogenschütze machte das sehr gut, aber Antonius forderte ihn auf, noch stärker zu ziehen. Der Bogen war schon zum Zerreißen gespannt, da bat ihn Antonius um noch mehr Anspannung. Jetzt wurde es dem Bogenschützen zu bunt: „Na hör mal, was fällt dir denn ein? Das ist doch idiotisch! Wenn ich noch weiter anspanne, zerbricht mir der Bogen!"

Antonius lächelte: „Schau mal, genauso ist es im Leben auch. Wenn wir uns über ein gesundes Maß hinaus anstrengen, würden wir alle schnell zerbrechen. Es ist gut für uns, die Anspannung dann und wann zu lockern." Danach wandte er sich gelassen wieder seinen Brüdern zu.

MK

41 DAS LEBEN IST LIEBENSWERT, weil wir einen dritten Weg finden können

Ein Hochschulprofessor erzählte, wie eines Tages eine Kollegin zu ihm kam und sagte: „Mein Mann steht kurz vor der Diplomprüfung in Psychologie. Er ist schwer krebskrank und wird bald sterben. Es ist sein sehnlichster Wunsch, diese Prüfung noch zu bestehen. An intensive Vorbereitung ist in seinen Zustand nicht mehr zu denken. Wären Sie bereit, mir die Prüfungsunterlagen zu geben, damit er nicht durchfällt?"

Ein Dilemma. Als korrekter Beamter darf der Professor das keinesfalls tun. Als mitfühlender Freund kann er die Bitte eigentlich nicht ablehnen. Was tun? Der Professor, der das erzählte, ist Friedemann Schulz von Thun, Spezialist für Kommunikation. Er glaubt, dass es viel häufiger, als wir zunächst meinen, einen dritten Weg gibt. So lehnte er die unsittliche Bitte ab. Aber bei nächster Gelegenheit sagte er der Kollegin, an welchem Platz in der Bibliothek er arbeitet und wann er in die Mittagspause geht. So konnte sie die Prüfungsfragen finden und kopieren. Gegen das Gesetz verstießen beide – aus Barmherzigkeit.

In der Bibel und anderen großen weisen Texten stehen ähnliche Geschichten: Wie Menschen einen menschlichen Weg finden zwischen den unverrückbaren Pfosten der moralischen Grundsätze. Ohne solche geistreichen Schlangenlinien der Liebe und der Barmherzigkeit wären die Buchstaben des Gesetzes fürchterlich tot.

WTK

42

DAS LEBEN IST LIEBENSWERT, weil in jedem von uns ein Klavierspieler steckt

Theodor Fontanes Tochter Martha (1860-1917), liebevoll Mete genannt, war eine kluge Frau, vielseitig interessiert und gebildet. Die Tochter des berühmten Romanciers absolvierte das Königliche Lehrerinnenseminar und arbeitete als Lehrerin und Erzieherin. Schon früh wurde sie zur scharfsinnigen Gesprächspartnerin ihres Vaters, die das komplette gesellschaftliche Leben der Fontanes managte. Metes Dilemma lag in ihrer uneingeschränkten Bewunderung für den Vater, dessen Lieblingskind sie war und für den sie lebte – nicht für sich selbst. Trotzdem schrieb sie mit 24 Jahren einen bemerkenswerten Brief an ihren Vater:

„Ich bin nicht unzufrieden, im Gegenteil, aber ich würde mir gerne meiner geistigen und herzlichen Fähigkeiten lebhafter bewusst, – ich habe das Gefühl eines Menschen, der Klavier spielen kann, aber kein Klavier hat."

Mete hatte erkannt, dass sie in der Gefahr stand, über ihren Aufgaben und der bedeutenden Persönlichkeit ihres Vaters sich selbst zu vergessen. Ihre eigenen Fähigkeiten. Ihr authentisches Selbst. Ihre Kreativität. Vielleicht geht es Ihnen gerade ähnlich. Eingespannt in Aufgaben und Fürsorge für andere ist kein Platz für das „Klavierspielen", obwohl Sie es in sich tragen und davon träumen. Wenn Sie das kennen, fehlt Ihnen die Treue zu sich selbst. Dabei gibt es so etwas wie eine Pflicht der Seele, gegenüber den eigenen innersten Wünschen Loyalität zu bekunden und sich wieder für das innere Drängen und Sehnen zu öffnen, das von unseren noch unentfalteten Möglichkeiten stammt. Vertrauen Sie dieser inneren Stimme. Folgen Sie dem Ruf. Irgendwo steht das „Klavier", auf dem Sie eine neue Melodie spielen können.

MK

43 DAS LEBEN IST LIEBENSWERT, weil man so wenig braucht, um besser zu leben

Das Ehepaar Scott und Helen Nearing waren die amerikanischen Pioniere eines radikal einfachen Lebens. 1932 kehrten sie (auf dem Höhepunkt der Weltwirtschaftskrise) New York den Rücken und begannen in den Green Mountains von Vermont ein neues Leben. Auf ihrer Farm versuchten sie bis ins hohe Alter hinein völlig autark zu sein und sich dabei allein auf ihren Einfallsreichtum, harte Arbeit und Ausdauer, sowie die jahreszeitlich bedingten Gaben der Natur zu stützen.

Auch wenn Sie sich nicht unbedingt berufen fühlen, nur Wasser und Kräuteraufgüsse zu trinken, auf Salz, Zucker, Kaffee, Tee, Eier, Milchprodukte und Alkohol zu verzichten, das Steinhaus mit eigenen Händen zu bauen und sich täglich körperlichen Strapazen zu unterwerfen, so steckt in dem stark reduzierten Verbrauch natürlicher Ressourcen eine Bescheidenheit, die ihre eigene Weisheit erzeugt. Und offensichtlich gesund erhält: Scott wurde 100 Jahre, seine Frau fast genauso alt. In Helen Nearings Memoiren findet sich eine bemerkenswert zeitlose Liste für ein gutes und einfaches Leben:

1. Tue dein Bestes, was immer auch geschehen mag.
2. Suche dir eine Arbeit, die dir Freude macht.
3. Führe dein Leben unter einfachsten Bedingungen, was Wohnung, Nahrung und Kleidung angeht; trenne dich von allem Ballast.
4. Suche jeden Tag den Kontakt zur Natur; spüre die Erde unter deinen Füßen.
5. Halte deinen Körper durch harte Arbeit, Gartenarbeit oder Spazieren gehen in Form.
6. Mach dir keine Sorgen; lebe jeden Tag neu im Hier und Jetzt.
7. Teile jeden Tag etwas mit einem anderen Menschen; wenn du alleine lebst, schreibe jemandem; verschenke etwas; hilf jemandem auf irgendeine Weise.
8. Nimm dir die Zeit, das Leben und die Welt mit Staunen zu betrachten; halte so gut du kannst Ausschau nach ein wenig Freude im Leben.
9. Bedenke, dass alle Dinge nur ein Leben haben.
10. Sei freundlich gegen jedes Lebewesen.

MK

44 DAS LEBEN IST LIEBENSWERT, weil wir Geist und Körper haben

Was Psychologen alles erforschen! Ellen Langer, eine amerikanische Wissenschaftlerin aus Harvard, untersuchte Zimmermädchen in einem Hotel. Die eine Gruppe wurde ein paar Monate lang nach ihrer anstrengenden Arbeit über ihr körperliches Befinden befragt. Die meisten klagten über Rückenschmerzen. Der anderen Gruppe versicherte die Psychologin am Anfang ihrer Untersuchung, dass nach neuesten Erkenntnissen die typischen Bewegungen während ihrer Hotelarbeit gesund sind für ihre Rückenmuskulatur. Die Mitglieder dieser zweiten Gruppe hatten nach nur einem Monat signifikant weniger Rückenschmerzen als die Kolleginnen.

Schmerzen werden ganz wesentlich durch die Erwartungen unseres Gehirns gesteuert. Mit unserem Kopf können wir körperliche Beschwerden lindern.

Was ist das? Einbildung? Aberglaube? Ich könnte mir vorstellen, dass die Evolution diese Steuerung in uns Menschen eingebaut hat, damit wir die Kraft unseres Denkens am eigenen Leib erleben. Der Geist ist stärker als der Körper! Das ist das Überlebenskonzept von uns mittelgroßen Säugetieren, mit vielen Feinden, die uns an Kraft und Schnelligkeit weit überlegen sind.

Wenn wir im Lauf vieler Millionen Jahre etwas so Schönes mitbekommen haben wie diese schmerzlindernde Kraft des Geistes, warum sollten wir sie nicht nutzen?

WTK

45

DAS LEBEN IST LIEBENSWERT, weil wir notfalls immer noch baden gehen können

Baden kann jeder. Die Kunst besteht darin, ein „Bad zu nehmen". Man kann lernen, aus dem Baden ein entspannendes Ritual zu machen, das gleichermaßen dem Körper wie der Seele dient. Für die Schriftstellerin Sylvia Plath war es eine Art Allheilmittel: „Es muss ein paar Dinge geben, die man mit einem heißen Bad nicht kurieren kann, aber mir sind nicht viele bekannt."

Zelebrieren Sie also wenigstens einmal die Woche einen Badeabend. Das Wichtigste zuerst: Bringen Sie Zeit mit. Und informieren Sie Ihre Familie, dass Sie mindestens 40 Minuten lang das Badezimmer für sich alleine haben wollen, um dort ungestört entspannen zu können. Bevor Sie sich ins Badezimmer zurückziehen, sollten Sie sich ein gemütliches Plätzchen herrichten, wo Sie es sich nach dem Bad bequem machen wollen. Ob Bett, Couch oder Lieblingssessel, sorgen Sie dort wie ein aufmerksamer Butler für angenehmes Licht, weiche Kissen, Kuscheldecken, Duftkerzen, Bücher, Lieblings-CDs und Getränke.

Legen Sie sich große Handtücher und einen flauschigen Bademantel in Griffweite, bevor Sie in die Wanne mit duftendem Schaum sinken. Mit Kerzenlicht, entspannenden Klängen, einem kühlen Drink oder einem Glas Sekt verwandelt sich auch das kleinste Bad in einen Badetempel. Der buddhistische Mönch Thich Nhat Hanh empfiehlt in seinem Meditationsbuch „Das Wunder, wach zu sein", das Bad zu einem geheimen Ort der Selbstversenkung zu machen. „Selbst eine Sekunde lang beeile dich nicht. Von dem Augenblick an, wo du das Badewasser vorbereitest, bis zu dem Augenblick, wo du frische Kleider anziehst, verrichte jede Bewegung leicht und langsam. Sei achtsam bei jeder Bewegung. Richte deine Aufmerksamkeit mit gleicher Zuneigung und ohne Angst auf jeden Teil deines Körpers. Sei dir jeder Wasserströmung an deinem Körper bewusst. Wenn du mit dem Baden fertig bist, sollte dein Geist genauso friedvoll und leicht gestimmt sein wie dein Körper. Folge deinem Atem. Betrachte dich so, als wärst du ein sauberer, duftender Lotusteich im Sommer." Warmes Hautöl oder duftende Bodylotion sind der krönende Abschluss Ihres Baderituals zur Entspannung und Selbsterneuerung.

MK

[Quelle: Thich Nhat Hanh, Das Wunder wach zu sein, Selbstverlag Buddhistische Gesellschaft Hamburg, 1976]

46 DAS LEBEN IST LIEBENSWERT, weil wir nicht alle Tage auf einmal leben müssen

Hatten Sie heute auch wieder so viel zu erledigen, dass Sie heute Abend mit dem unangenehmen Gefühl ins Bett gehen müssen, nicht genug geschafft zu haben? Ja, dass die ganze Arbeit eigentlich gar nicht zu schaffen ist? Bevor Sie resignieren, lesen Sie doch einmal, was die heiligen Wüstenväter vor 1800 Jahren zu so einem Fall sagten:

Ein Mann besaß einen Acker, der aus Nachlässigkeit völlig verwildert war. Da schickte er seinen Sohn hin, um das Feld von dem dichten Filz aus Disteln und Dornen zu reinigen. Als aber der Sohn die riesige Menge Unkraut sah, verlor er allen Mut vor der Größe der Aufgabe, warf sich auf die Erde und schlief. Tagelang ging das so. Endlich kam sein Vater, um nach den Fortschritten bei der Arbeit zu sehen. Da klagte ihm der Sohn voller Unmut sein Leid. Sein Vater befreite ihn nicht von der Aufgabe, aber er hatte einen guten Rat für ihn: „Arbeite täglich nur so viel, als dein Körper bedeckt, wenn du liegst. Dann kommst du mit der Arbeit voran und wirst nicht mehr verzagen." Der Sohn hielt sich daran und in kurzem war der Acker gereinigt und urbar gemacht.

Wer sich an seinem Körper orientiert und im Einklang mit der eigenen Kraft sein ganz persönliches Maß bestimmt, ist bei der Arbeit weder über- noch unterfordert. Ein menschliches Maß zu finden und sich dann konkret und beständig an die Arbeit zu machen, das ist die gute Lösung. Heute genauso wie vor fast 2000 Jahren.

MK

47 DAS LEBEN IST LIEBENSWERT, weil das Leben größer ist als wir selbst

Was ist Erfolg? Ein Ziel erreichen, so beschreiben es die meisten. Erfolg bedeutet aber auch: loslassen. Ich kenne keinen erfolgreichen Menschen, der nicht von dieser Erfahrung berichten kann. Auf den letzten Metern vor dem Ziel verändert sich das Ziel, in unerwarteter Weise. Ich merke, dass mein Ziel größer ist als ich selbst. Und ich sehe, dass ich den Weg bis hierher nicht mir allein verdanke.

Der amerikanische Dichter und Philosoph Ralph Waldo Emerson hat das am Ende seines Lebens so zusammengefasst:

Erfolg ist: Oft lachen und viel lieben.
Den Respekt intelligenter Menschen gewinnen und die Liebe von Kindern.
Von anerkannten Kritikern anerkannt werden.
Dankbar sein für die Schönheit.
Sich selbst verschenken.

Die Welt ein kleines bisschen besser zurücklassen,
sei es durch ein fröhliches Kind,
ein kleines Stückchen Garten
oder die grandiose Lösung einer großen sozialen Not.

Mit Begeisterung gespielt und gesungen haben.
Zu wissen: Es gab wenigstens einen einzigen Menschen auf dieser Welt,
der leichter atmen konnte, nur weil du gelebt hast.

Das ist Erfolg.

WTK

48 DAS LEBEN IST LIEBENSWERT, weil es Drachen und Prinzessinnen gibt

Der schreckliche Drache ist eines der wichtigsten Märchentiere überhaupt. Er verkörpert das Böse und das Chaos, die den Menschen sowohl äußerlich als Naturgewalt als auch innerlich als wilde Triebnatur gefährden und bedrohen. Bei dem Dichter Rainer Maria Rilke findet sich ein ungewöhnlicher Gedanke über das wahre Wesen der Drachen:

Vielleicht sind alle Drachen unseres Lebens
Prinzessinnen, die nur darauf warten,
uns einmal schön und mutig zu sehen.
Vielleicht ist alles Schreckliche im Grunde
das Hilflose, das von uns Hilfe will.

Wer sich dem Kampf mit dem Drachen stellt, steht vor der Aufgabe, sich der eigenen Anteile am Bösen bewusst zu werden. Rilke hat gegen die Angst vor dieser Selbstkonfrontation einen tröstlichen Gedanken formuliert: Alles Schreckliche ist hilflos sich selbst ausgeliefert. Aber im Bedrohlichen verborgen wartet unsere wunderschöne eigene „Prinzessin Seele" sehnsüchtig darauf, dass wir sie mutig befreien.

Man sollte also den Drachen nicht unbedingt töten; man kann ihn auch zähmen und verehren, wie es in China der Fall ist. Dort haben Drachen eine positive Bedeutung: die Himmelsdrachen bringen Regen, fördern die Fruchtbarkeit der Erde, symbolisieren die kaiserliche Macht und hüten verborgene Schätze wie Weisheit, Glück und langes Leben. Alles Dinge, für die sich ein Gang zum Drachenfels wirklich lohnt.

MK

49 DAS LEBEN IST LIEBENSWERT, weil wir Prioritäten setzen können

Wenn eine Fee zu Ihnen käme und Sie einen Wunsch frei hätten, was würden Sie sich wünschen?

Es ist gar nicht so einfach, sich das Richtige zu wünschen. Viele Märchen handeln von Menschen, die einen oder drei oder noch mehr Wünsche frei haben – und doch nie das Richtige erbeten haben. Ein modernes Märchen erzählt die alte Geschichte neu:

Ein weiser Mann lebte in den Bergen, und eines Tages fand er einen riesigen, wertvollen Diamanten. Nach einer Weile kam ein armer Mann in seine Hütte und bat um ein wenig Essen. Der Weise lud ihn ein, und der Besucher aß sich satt. Da entdeckte er in der Hütte den Diamanten. Und er bat den Weisen, ob er ihm den Edelstein geben könnte.

Da nahm der Weise den Diamanten und schenkte ihn dem armen Besucher. Der zog überglücklich davon, denn mit dem Erlös dieses Steins würde er bis an sein Lebensende nie wieder materielle Sorgen haben müssen.

Am nächsten Morgen aber kam der Arme wieder zu dem Weisen und gab ihm den Edelstein zurück. „Ich habe die ganze Nacht nachgedacht", sagte der arme Mann, „gib mir nicht den Diamanten. Gib mir bitte das, was dich dazu gebracht hat, mir den Diamanten zu geben."

WTK

50

DAS LEBEN IST LIEBENSWERT, weil ein Umzug geschafft ist

Umzüge sind eine anstrengende Sache. Ich bin in meinem Leben neun Mal umgezogen. Das ist doppelt so viel wie der deutsche Durchschnitt. Ich weiß also, wovon ich rede. Die meisten Wohnungswechsler hierzulande sind Singles, die fürs Studium, den Job oder eine neue Liebe die Wohnung wechseln. Ich erinnere mich noch, dass meine ganzen Sachen in ein Auto passten, als ich für drei Semester von München nach Tübingen wechselte. Jahre später, beim Umzug mit drei Kindern sah die Sache ganz anders aus. Wenn man wie wir den Umzug selbst mit Hilfe von Freunden schaffen will, wird er zu einer Sache der Logistik, eine Art Operation am offenen Herzen des Familienlebens. Ich habe aussortiert, verschenkt und verkauft, was nicht mehr mitsollte. Dann musste ich meinen Lieben Dinge entziehen mit dem Versprechen, dass sie nach dem Umzug garantiert wieder auftauchen würden. In jeder freien Minute habe ich Umzugskartons gepackt, fein säuberlich beschriftet (was ein Segen war) und im Keller aufgetürmt. Der eigentliche Umzugstag war dagegen fast ein Vergnügen, weil wir nur innerhalb des Ortes umgezogen sind, wie 50% der Deutschen auch. Natürlich herrschte erst mal Chaos, nicht alles war gleich an Ort und Stelle, es musste improvisiert werden. Nach einiger Zeit aber war das Abenteuer überstanden und es breitete sich das tolle Gefühl aus, einen neuen Anfang gewagt zu haben.

Meine neun Umzüge sind das Einzige, was ich mit Johann Sebastian Bach gemein habe. Wie viele Musiker seiner Zeit wechselte er mehrfach von einer Konzertmeisterstelle in einem der kleinen deutschen Fürstentümer zur nächsten, bevor er sich endgültig in Leipzig niederließ. Auch Mozart übertraf den heutigen Durchschnitt, er zog innerhalb von Wien dreizehn Mal um. Den Rekord aber hält Ludwig van Beethoven. Von ihm weiß man, dass er in und um Wien mindestens 68-mal umgezogen ist. Oft blieb er nur zwei, drei Monate in derselben Wohnung, spätestens nach einem halben Jahr stand der nächste Wohnsitzwechsel an. Zum allerletzten Mal ist er 1888 umgezogen, 61 Jahre nach seinem Tod, als seine Gebeine vom Währinger Friedhof auf den Zentralfriedhof in Wien umgebettet wurden. Sein ewiges Zuhause hat Beethoven aber schon lange zuvor im Olymp der größten Komponisten aller Zeiten gefunden.

MK

51 DAS LEBEN IST LIEBENSWERT, weil wir alle Bettler sind

Wenn ich einen Bettler auf der Straße sehe, dann weiß ich nie so recht, was ich tun soll. Wohltätigkeitsorganisationen raten meist ab, schnorrenden Gestalten auf der Straße Geld zu geben, und so mach' ich's mir oft leicht – und gebe nichts.

Dann aber wieder erbarmt es mich doch, ich erschrecke über den entsetzlich krassen materiellen Unterschied zwischen ihm und mir, und ich gebe etwas, aus Sicht der Wohlfahrtsorganisationen sicher viel zu viel. Ich gebe in dem Bewusstsein, dass das in ein dunkles Loch fällt, und dass ich nichts zurückbekomme. Was kann der Bettelnde schon geben?

Als ich einmal einem Armen Geld zugesteckt hatte, da sah er mir in die Augen und sagte: „Gott segne Sie." Das hat mich sehr überrascht und gefreut. Und mir wurde klar: Ein Bettler kann sehr wohl etwas geben – seinen Segen. Der ist vielleicht viel mehr wert als das gegebene Geld. Ja, im Grunde ist der gar nicht mit Geld zu bezahlen.

Außerdem war in diesem Augenblick der Unterschied zwischen uns beiden nicht mehr zu spüren. Vom berühmtesten Rabbi aus Sassow wird folgende Geschichte erzählt: Er gab einem übel berüchtigten Menschen sein letztes Geld. Die Schüler des Rabbis warfen ihm das vor. Da antwortete der Rabbi: „Soll ich wählerischer sein als Gott, der das Geld *mir* sündigem Menschen gegeben hat?"

WTK

52 DAS LEBEN IST LIEBENSWERT, weil wir uns ein Nickerchen gönnen können

Was man in geruhsameren Zeiten gemütlich „Nickerchen" nannte, heißt heute in der wissenschaftlichen Schlafforschung vornehm „Mikroschlaf". Und der ist keinesfalls nur eine Sache für Kleinkinder oder alte Menschen. Schlafstudien brachten Erstaunliches ans Licht: Durch den Schlaf werden unsere verbrauchten Batterien im Gehirn wieder aufgeladen. Mentale Reserven werden mobilisiert, die Stimmung und das Lebensgefühl steigen, Reaktionsvermögen und Leistungsfähigkeit verbessern sich. Nach einem Mikroschlaf (günstig sind 4 bis 20 Minuten) waren die Testschläfer in den Forschungslabors um 15 Prozent geistesgegenwärtiger, machten weniger Fehler, hatten weniger Angst und deutlich bessere Laune als Nicht-Schläfer.

Das kleine Mittagsschläfchen ist also ein richtiger Energiespender und Fitmacher. Wer regelmäßig ein paar kurze Schläfchen hält, reduziert nicht nur die Zahl seiner Krankheitstage, sondern auch zum Beispiel sein Herzinfarktrisiko um 30 Prozent. Große Konzerne wie SAP oder Siemens haben darum Ruhezonen für ihre Mitarbeiter eingerichtet und damit eine deutliche Leistungssteigerung erreicht.

Wenn Sie also effektiver arbeiten und länger und gesünder leben wollen, sollten Sie sich einen Minischlaf gönnen. Am besten jeden Tag zur gleichen Zeit. In einem angenehmen Raum, der still, nicht zu warm und leicht abgedunkelt ist. Ohne schlechtes Gewissen und mit dem Bewusstsein, etwas Lohnendes für die eigene Gesundheit zu tun.

MK

53 DAS LEBEN IST LIEBENSWERT, weil Alt und Jung sich vertragen können

Wahrscheinlich ist der Streit so alt wie die Menschheit: Der Streit zwischen Alt und Jung. Die Älteren verstehen die Jungen nicht und umgekehrt. Schlimm wird es dann, wenn Alt und Jung zusammenwohnen müssen.

Der Heilige Benedikt hat auf Grund seiner Erfahrungen mit vielen Klöstern folgende Regel für das Zusammenleben geschrieben:

Die Jüngeren sollen die Älteren ehren.

Die Jüngeren wissen, wie schwer das sein kann: Wenn alte Menschen starrköpfig sind, rechthaberisch und vielleicht dazu noch verkalkt und verdattert. Aber es leuchtet ein: Ehren, Ehrfurcht haben, das wäre der richtige Umgang. Doch – was bekommen die Jüngeren dafür? Die Regel Benedikts geht weiter:

Die Älteren sollen die Jüngeren lieben.

Das ist viel verlangt. Liebe, eine Regung des Herzens, ist schwierig in Vorschriften zu fassen. Und doch wagt Benedikt das. Er fordert, dass die Alten ihr Herz nicht verhärten, sondern mit den milden Augen der Liebe auf die Taten der Jüngeren schauen. Auf die, mit denen es nun weitergeht. Segnen, nannte man das früher. Segnen und lieben, das kann man immer, auch wenn die körperlichen Kräfte nachlassen.

Die Jüngeren sollen die Älteren ehren,
die Älteren sollen die Jüngeren lieben.

WTK

54 DAS LEBEN IST LIEBENSWERT, weil es in jedem Menschen vier Zimmer gibt

Die indianische Weisheit hat ein schönes Bild für den Menschen hervorgebracht. Jeder Mensch ist wie ein Haus mit vier Zimmern. Es gibt einen physischen, einen mentalen, einen emotionalen und einen spirituellen Raum im Haus des Menschen. In diesem Gedanken steckt ein gutes Gespür dafür, dass Körper, Geist, Gefühl und Glaube uns unterschiedlich beanspruchen und trotzdem ein Gleichgewicht brauchen.

Erforschen Sie Ihre eigenen inneren Zimmer durch eine kleine Meditation. In welchem Raum verbringe ich momentan die meiste Zeit eines Tages? In welchem habe ich mich die meiste Zeit meines Lebens aufgehalten? Welchen Raum mag ich besonders gerne? In welchem Raum kann ich mich am besten entspannen? In welchem Raum bin ich am liebsten allein? Welchen Raum kenne ich selbst gar nicht so gut? Welchen meiner Räume würden meine Freunde als den gepflegtesten beschreiben? In welchem Raum liegen alte Lasten, unnötiger Ballast aus früheren Tagen, den ich hinaus schaffen könnte? Und in welchem Raum könnte noch eine Überraschung auf mich warten, ein Geheimnis oder eine späte Erfüllung?

Die Meditation über solche Fragen wird Ihnen helfen, Zusammenhängen in unserem Lebenshaus auf die Spur zu kommen. Das braucht Zeit. Darum nur noch ein Tipp: Ganz fühlen Sie sich im Sinne der Indianer wahrscheinlich dann, wenn Sie jeden Tag einmal durch alle vier Zimmer gehen, um ein bisschen darin zu verweilen, sich darin umzusehen, ein Licht anzumachen, frische Luft hinein zu lassen, ein wärmendes Feuer anzuzünden oder einen Gast darin zu begrüßen.

MK

55

DAS LEBEN IST LIEBENSWERT, weil die einfachsten Formen die schönsten sind

Es gilt als eines der elegantesten und eindrucksvollsten Werke der Architektur des 20. Jahrhunderts: Das zeltartige Münchner Olympiadach. Es wurde entworfen im „Institut für leichte Flächentragwerke" der Universität Stuttgart. Nicht auf möglichst schrille Designideen kam es den Architekten an, sondern die einfachste Lösung suchten sie. Bei den Seifenblasen fanden sie die Antwort auf ihr Problem.

Seifenhäute formen Flächen, die mathematisch äußerst schwierig zu berechnen sind, aber sie folgen dabei einem einzigen, sehr einfachen Gesetz: Sie bilden sich immer so, dass ihre Oberfläche möglichst klein ist. Im Grunde genommen haben die Ingenieure die Tragseile des Olympiastadions aus Draht nachgebaut, in Seifenlauge getaucht und fotografiert. Das ist das Geheimnis der Stabilität des Olympiadachs. Dadurch wirkt es trotz der riesigen Dimensionen natürlich und zeitlos schön. Dahinter steckt ein Grundgesetz der Schöpfung, das sich nicht nur bei Bauwerken aus Stahl, Glas und Stein bewährt, sondern sicher auch beim Bauwerk des eigenen Lebens: Weniger ist mehr.

WTK

56 DAS LEBEN IST LIEBENSWERT, weil es die glücklichen Inseln hinter dem Winde gibt

Man muss nur das Stichwort „Reif für die Insel" hören und das Kopf-kino geht los. Da gibt es den Südseetraum: blutrote Sonnenuntergänge, wiegende Palmen, ein Cocktail an der Strandbar, ein Nickerchen in der Hängematte. Oder das nordische Glück: im Strandkorb dem scharfen Wind trotzen, auf den Leuchtturm klettern, Robben beobachten, durchs Watt wandern oder raus aus der Saunablockhütte über den Steg laufen und in einen finnischen See springen. Manche Inseln tragen Namen, die allein schon Sehnsucht wecken können: Sansibar, BoraBora, Mau-ritius, Rangiroa, Santorin. Es gibt die Osterinsel, Weihnachtsinsel und die Himmelfahrtsinsel. Auch zur Einsamkeitsinsel im Arktischen Meer kann man reisen oder, kein Witz, zu der Insel der Enttäuschung, die zu Neuseeland gehört. Allein in Deutschland warten über neunzig Inseln in Nordsee, Ostsee, Flüssen und Seen auf Entdeckung. Die bayerische Luxusvariante unter weiß-blauem Himmel ist die Insel Herrenchiem-see, die man mit dem Dampfer erreichen kann: Hier leistete sich Lud-wig II., der Märchenkönig, ein Versailles ähnelndes Schloss, in dem er ein einziges Mal übernachtete.

Und dann gibt es noch die imaginären Inseln der Ruhe oder der Zufrie-denheit und all die Inseln der Weltliteratur. Schon die Antike hat Insel-abenteuer zu bieten: Da ist Platons untergegangenes Inselreich Atlantis, Quelle unzähliger Mythen. Oder Lukians 1800 Jahre alte Satire, in der man zuerst im Milchmeer eine Insel aus Käse ansteuert. Von da aus findet man leicht zur „Insel der Seligen", wo die Helden des trojanischen Kriegs ihren Ruhestand genießen. Die „Neue Insel Utopia" ohne Geld und Privateigentum erfand Thomas Morus im Jahr 1516. Schulpflicht gibt es dort aber trotzdem.

Die unsterblichen Trauminseln sind wohl die, zu denen man als Kind mit der Taschenlampe unter der Bettdecke reiste. Nach Michael Endes Lummerland, Astrid Lindgrens Taka-Tuka-Land und Saltkrokan, zur Schatzinsel von Stevensen oder zu Defoes Robinson-Crusoe-Eiland. Oder nach Polipopaia und Jou-Jou (der Spielinsel) von den Glücklichen Inseln hinter dem Winde, die wir James Krüss verdanken. Als waschechter Insulaner wurde er auf Helgoland geboren und lebte später auf Gran Canaria mit der Gewissheit: „Irgendwo ins grüne Meer hat ein Gott mit leichtem Pinsel lächelnd wie von ungefähr einen Fleck getupft: die Insel." Zum Glück findet sich auch immer eine in unserer Phantasie.

MK

57 DAS LEBEN IST LIEBENSWERT, weil Wahrheit größer ist als Lüge

Ein amerikanischer Wissenschaftler namens John Frazer will herausgefunden haben, dass jeder von uns über 40-mal am Tag lügt. Die überwiegende Zahl davon lügen wir aus Höflichkeit, um unsere sozialen Beziehungen nicht zu gefährden. Offensichtlich würde brutale Ehrlichkeit das Miteinander zerstören. Dabei halten wir gleichzeitig die Wahrheit für ein hohes Gut.

Der Theologe Dietrich Bonhoeffer wurde in der Zeit des Dritten Reiches von seinen Freunden gefragt, ob er auch lügen würde. Bonhoeffer antwortete: Selbstverständlich würde ich lügen, zum Beispiel, wenn man mir in einem Verhör die Frage stellt, mit wem ich im Widerstand gegen Hitler zusammenarbeite. Um ihr Leben nicht zu gefährden, würde ich lügen. Es gibt eine größere Wahrheit, der die Lüge dient.

Eine alte jüdische Weisheit sagt: „Wer die Lüge hasst, hasst die ganze Welt, denn es gibt keinen Menschen, in dem nicht ein klein wenig Lüge ist. Wer aber die Wahrheit liebt, der liebt die ganze Welt. Denn es gibt keinen Menschen, in dem nicht ein klein wenig Wahrheit steckt."

WTK

58 DAS LEBEN IST LIEBENSWERT, weil Herzenswünsche erfüllt werden

Wunschlos glücklich sein, wäre das der wahre Wunsch im Leben? Und was müsste man sich zuvor alles wünschen, um sich diesen Zustand zu sichern? Gesundheit, Geld, Genuss, alles, was das Herz sonst noch begehrt?

Um an die wahren Herzenswünsche heranzukommen, muss man die Seele sprechen lassen. Die vorgefertigten Wunschbilder aus der Werbung sind meistens viel zu allgemein und oberflächlich. Individuell und maßgeschneidert sind die wenigsten. Eher grobe Raster, in denen trotzdem unsere Sehnsucht hängen bleibt. Unser Herz ist ein unglaublich aufnahmefähiges Organ, das pausenlos Wunsch-Bilder durchsiebt, auf der Suche nach dem, was die Seele eigentlich braucht. Aber was wünscht sich mein Herz wirklich, wenn es bei Bildern von mit Palmen gesäumten Sandstränden Fernweh spürt? Woran hat das in mir gerührt? Was will mir mein Herz sagen, wenn es anfängt zu klopfen, bloß weil ich gerade an einer Nobelkarosse oder einem Schuhladen vorbeigehe? Es ist gar nicht immer so leicht herauszufinden, welche innere Suche hinter einem äußeren Reiz steckt.

Wer noch viele Wünsche offen hat im Leben, hat guten Grund, der Sache mit den Wünschen auf den Grund zu gehen. Was ist mein tiefster Herzenswunsch? Was würde mein Herz, diese geheimnisvolle Schatzkammer, wirklich erfüllen? Öffnen Sie die Tür Ihres Herzens. Lassen Sie es sprechen. Lassen Sie sich von der Klugheit Ihres Herzens leiten und gehen Sie Ihren Wünschen auf den Grund. Ganz tief unten, hinter den bunten Werbebildern, wartet Ihr innigster Herzenswunsch auf Sie. Ein ganz persönlicher, maßgeschneiderter Wunsch Ihrer Seele. Den zu finden, darauf kommt es an. Es braucht manchmal Kraft, diesem wahren Wunsch des Herzens zu begegnen, denn vor dem, wonach wir uns sehnen, fürchten wir uns auch in mancher Hinsicht. Wer seinen Herzenswunsch gefunden und angenommen hat, dessen Leben wird sich wandeln. Wenn Sie dazu bereit sind, dann sprechen Sie ihn aus und halten es anschließend mit dem Pianisten Arthur Rubinstein: „Ich meine fast, wenn ich mir mit der Seele etwas innig wünsche, dann erfüllt das Leben mir solche Wünsche gerne."

MK

59 DAS LEBEN IST LIEBENSWERT,
weil chaotisch manchmal gut ist

Stellen Sie sich vor, Sie arbeiten in einem Krankenhaus. Auf Ihrem Schreibtisch finden Sie zwei Kurven, die den Herzschlag von zwei Patienten zeigen: Eine zeigt lauter gleiche Abstände, regelmäßig wie ein Uhrwerk. Die andere Kurve zeigt heftige Ausschläge; mal schlug das Herz schnell, mal langsam, mal völlig durcheinander. Welche davon ist die Kurve eines Schwerkranken? Vermutlich die mit den wilden Zacken.

Falsch. Denn unregelmäßiger Herzschlag ist Zeichen für Normalität, für ein gesundes Herz, das auf die verschiedenen Anforderungen des Alltags reagiert. Im konstanten Gleichmaß dagegen schlägt das Herz, wenn der Körper in Gefahr ist. Dann konzentriert er alle Kräfte nach innen, und die Organe machen sozusagen „Dienst nach Vorschrift".

Gesundheit bedeutet eigentlich, dass alle Kräfte im Gleichgewicht sind. Aber dieses Ziel wird niemals ganz erreicht. Gott sei Dank. Denn absolutes Gleichmaß gibt es erst, wenn wir tot sind. Solange aber die Naturgesetze ihren Spielraum zwischen Chaos und Ordnung voll ausschöpfen, bis an ihren Rand, können wir spüren: das ist Leben, das leben will.

WTK

DAS LEBEN IST LIEBENSWERT,
weil wir unabhängiger werden können

Der Diplomat Dag Hammarskjöld (1905-1961) ist einer der prominentesten Schweden des 20. Jahrhunderts. Er stammte aus einer alten, traditionsbewussten Adelsfamilie und wuchs als Sohn eines hohen Politikers in einem politisch-intellektuellen Klima auf. Nachdem er zunächst in verschiedenen Ministerien seines Landes gearbeitet hatte, wurde er 1953 zum Generalsekretär der Vereinten Nationen gewählt. Er war die erste Persönlichkeit, die diesem Amt zu internationaler Geltung verhalf. Hammarskjöld profilierte sich während seiner Amtszeit zu einem unerschrockenen Kämpfer für den Frieden und war auch bereit, dabei gegen die Supermächte aufzutreten. Der weltbekannte Diplomat kam 1961 bei einem niemals ganz geklärten, mysteriösen Flugzeugabsturz ums Leben. Auf seinen Sarg legte man ihm den Friedensnobelpreis.

Dag Hammarskjöld schuf seine eigene Definition von Einfachheit, indem er sie als „heilige Unabhängigkeit" definierte. Unabhängig ist man erst, wenn man den Punkt gefunden hat, wo man in sich ruht. Allein von hier aus sollte man sehen, urteilen und handeln. Was immer sich dann ergibt, es wird im Zeichen der Einfachheit stehen: „Für den Einfachen ist das Leben einfach." Wie zum Beispiel ein diplomatisches Gespräch nach den Spielregeln der inneren Unabhängigkeit. Zuerst kommt es darauf an, nur das zu erzählen, was für das Gegenüber Bedeutung hat. Zurückhaltung übt man auch beim Fragen – was muss ich wirklich wissen, was brauche ich nicht zu wissen? In Diskussionen geht man nur hinein, um auf ein Ergebnis hinzuarbeiten. Die Führung übernimmt derjenige, der die meiste Kraft für eine Lösung zeigt. Je höher der eigene Rang, desto mehr ist man dazu verpflichtet, so zu leben, dass andere von einem Anweisungen entgegen nehmen können, ohne sich erniedrigt zu fühlen.

All das kann man noch kürzer sagen, in Dag Hammarskjölds eigenen Worten: „Wenn ich weitermachen darf, dann: fester, einfacher – schweigsamer, wärmer." Ein Plädoyer der Einfachheit, nach dem zu leben sich lohnt.

MK

61 LEBEN IST LIEBENSWERT, weil die Planeten machen, was sie wollen

Neun Planeten drehen sich um unsere Sonne. Die ersten sechs waren schon in der Antike bekannt. 1766 glaubte dann der preußische Wissenschaftler Johann Daniel Titius die Gesetzmäßigkeit gefunden zu haben, um die Abstände zwischen Planeten und Sonne zu berechnen: Merkurbahn plus 3 mal 1, 2, 4, 8 und so weiter. Zwischen Mars und Jupiter gab es allerdings eine Lücke. Als man dort genauer suchte, entdeckte man genau im vorausberechneten Abstand Bruchstücke eines ehemaligen Planeten, die Asteroiden. Und als der siebte Planet, der Uranus, entdeckt wurde, passte sein Abstand von der Sonne auch noch ziemlich gut in die Formel des alten Preußen. Die letzten beiden Planeten aber, Neptun und Pluto, scherten sich nicht um die angebliche Gesetzmäßigkeit – und so lächeln die Astronomen heute über die vermeintlich geniale Berechnung der Planetenbahnen.

Das gibt es nicht nur in der Wissenschaft, sondern auch im persönlichen Leben: Da hat man geglaubt, endlich eine Gesetzmäßigkeit gefunden zu haben – eine Formel, mit der sich die Zukunft erklären lässt. Aber eines Tages läuft alles doch ganz anders. Dann merken wir, verblüfft und hoffentlich auch ein wenig darüber lächelnd: Das einzig wirklich verlässliche Gesetz, das Gott in unsere Schöpfung eingebaut hat, ist die Überraschung.

WTK

62 DAS LEBEN IST LIEBENSWERT, weil wir unserer Nase nach gehen können

Ganz egal, ob Sie Ihre Nase mögen oder nicht, hinter ihr verbirgt sich ein analytisches Wunderwerk. Etwa auf der Höhe der Augen sitzt am Anfang der Nase beidseitig ein Stück Riechschleimhaut. Es ist die einzige Stelle im Körper, wo unser Zentralnervensystem offen liegt. 10 Millionen Nervenzellen nehmen hier Gerüche auf und checken sie pausenlos durch: Hier wird es brenzlig für mich. Da duftet etwas verführerisch. Von dort weht etwas her, das erinnert mich stark an ... Ohne Umwege werden alle Duftbotschaften direkt ins limbische System geleitet, unser Ur-Gedächtnis im Stammhirn, das man früher Riech-Hirn nannte. Bevor wir etwas bewusst riechen, hat es unser Unbewusstes schon längst registriert. Es sorgt dafür, dass wir die Nase rümpfen oder begeistert schnuppern, dass uns ein Duft beruhigt oder in die Flucht schlägt, uns verführt oder alte Erinnerungen weckt. Gespeicherte Düfte sind wundervolle Zaubermittel gegen das Vergessen. Sobald wir einen bestimmten Duft in der Nase haben, steigt eine Erinnerung auf, ein Bild aus längst versunkenen Tagen. Orte, Menschen, Szenen werden plötzlich wieder lebendig, eingehüllt in ein winziges Duftmolekül, an das unsere Erinnerung gekoppelt wurde. Ob Brot oder Benzin, Parfüm oder Putzmittel – Düfte bauen Räume der Erinnerung auf, die wir unser Leben lang nicht vergessen. Was immer Sie heute alles erschnuppern, Sie bauen damit in Ihrem Gedächtnis an Ihrem ganz persönlichen Schloss der Erinnerung – an einer Welt, die sich als Duft offenbart.

MK

63 DAS LEBEN IST LIEBENSWERT, weil wir nicht nur Superhelden sind

Vor ein paar Jahren hatten wir in unserem Garten regelmäßigen Besuch von einer einzelnen Wacholderdrossel. Sie war gehbehindert und hatte, vermutlich nach einem Kampf mit einer Horde Krähen, ein seitlich abstehendes gelähmtes Bein. Dadurch war sie ziemlich langsam, wenn sie auf dem Rasen nach Würmern suchte, und wäre leichte Beute für eine der zahlreichen durch die Gärten streifenden Katzen gewesen.

Diese Stubentiger wagten sich aber nicht in unseren Garten, wenn dort unsere Colliehündin lag. Was die Katzen nicht wussten: Unsere Hündin war alt und schon fast blind. Aber als Abschreckung funktionierte sie noch prima.

So bildeten die beiden deutlich gehandicapten Tiere eine wunderbare Symbiose. Ich empfand das als ein schönes Bild für eine gute menschliche Gesellschaft. Wie fad wäre sie, würde sie nur aus lauter supergesunden und extra leistungsstarken Mustertypen bestehen! Lebendig, dynamisch und reich an Tiefgang wird sie durch die Kranken, Behinderten, Alten und all die anderen, die nicht ins Raster passen.

WTK

64 DAS LEBEN IST LIEBENSWERT, weil es noch immer Schmetterlinge gibt

Das Leben lohnt sich wegen ... Schmetterlingen! Unter diesen zauberhaften Wesen gibt es viele Exemplare, die mit rekordverdächtigen Daten aufwarten können. Manche Schwärmer können in knapp drei Minuten über 100 Blüten bestäuben. 1903 wurde ein Schmetterling entdeckt, der mit seinem 28 cm langen Rüssel in der Lage ist, eine seltene Orchideenart mit ebenso tiefem Blütenkelch zu bestäuben.

Die Raupe des europäischen Weidenbohrers *Cossus cossus* ist Weltmeister im Fressen: Sie schafft es, ihr eigenes Gewicht um das 72 000-fache zu vermehren, bevor sie sich einpuppt. Der südamerikanische Eulenfalter *Thysania agrippina* ist der Albatros unter den Schmetterlingen. In Panama wurden riesige Exemplare mit einer Spannweite von 30 cm gefunden. Der kleinste Nachtfalter der Welt misst dagegen nur drei mm.

Die goldgelben *Großen Monarchen* verlassen jedes Jahr im September die dichten Wälder im Norden der USA, um ihre 3 200 Kilometer weiter südlich gelegenen Winterquartiere in Texas und Mexiko aufzusuchen – eine Reise von über drei Monaten. Ihr asiatischer Verwandter *Parnassius hannyngtoni* schafft es, im Himalaja zu leben, in bis zu 6 000 Metern Höhe. Und unter den eher unscheinbaren Schwärmern finden sich die schnellsten Schmetterlinge der Welt, mit Rekordgeschwindigkeiten von 54 km pro Stunde.

Der wahre Weltrekord aber gehört allen Schmetterlingen gemeinsam: Sie haben es geschafft, sich seit 100 Millionen Jahren auf diesem Planeten zu behaupten und seine Schönheit mit ihrer Anmut und Farbenpracht zu vergrößern. Es ist wundervoll, dass sie zu unserer Welt gehören. Würde es sich nicht lohnen, ihnen die Ehrenbürgerwürde auf dieser Erde zu verleihen und etwas von ihrem stillen Glanz in unser viel zu lautes Leben fallen zu lassen?

MK

65 DAS LEBEN IST LIEBENSWERT, weil wir andere Menschen segnen können

Im biblischen Buch der Sprüche (Vers 22,9) gibt es einen Satz, dem ich am liebsten die Überschrift geben würde „Weisheit für morgendliche Fahrten in Bahnen und Bussen". Er lautet:

Wer gütig blickt, der wird gesegnet werden.

Manche Menschen beschweren sich über die müden und abweisenden Gesichter der Mitreisenden. Sie übersehen allerdings, dass sie dabei vermutlich selbst genau so müde und abweisend aussehen.

Freundlichkeit und Güte aber verändern das eigene Herz und die Umwelt. In der Bibel heißt dieser zauberhafte Vorgang „segnen": gütig und wohlwollend auf etwas blicken. Versuchen Sie doch einmal, morgen den ganzen Tag lang alle Menschen, die Sie ansehen, zu segnen. Auch die müden und die miesen, die mürrischen und die matten. Das tut besonders gut bei schwierigen Zeitgenossen und führt zu erstaunlichen Veränderungen. Sie werden eine gute Kraft in sich spüren. Und eine größere innere Weite, die Ja sagen kann zum anderen. Oder zu dem, was gerade ist. Denn den Segen, den spendet mein nobelstes Ich.

Wer gütig blickt, der wird gesegnet werden.

Aber umgekehrt stimmt es auch: Wer segnen kann, wird selbst gütiger.

WTK

66 DAS LEBEN IST LIEBENSWERT, weil das Leben voll schöner Nebenwirkungen ist

„Zu Risiken und Nebenwirkungen fragen Sie Ihren Arzt oder Apotheker." Diesen Satz aus der Pharma-Werbung haben Sie bestimmt schon hundert Mal gehört. Dabei erleben wir die meisten Nebenwirkungen gar nicht beim Einnehmen von Tabletten, sondern im richtigen Leben. Arzt oder Apotheker können Ihnen das genauso bestätigen wie Psychologe, Jurist oder Polizist: Was immer Sie tun oder lassen, hat gute oder schlechte Folgen. Für uns oder andere. Direkt oder indirekt. Jetzt gleich oder später. „Es sind eigentlich die Nebenwirkungen, um die es im Nachhinein geht, der Rest ist unwesentlich", fasst der niederländische Schriftsteller Maarten´t Hart die seltsame Dynamik von Nebenwirkungen zusammen.

Es gibt eine wunderbare Szene in der romantischen Komödie „E-Mail für dich" mit Meg Ryan und Tom Hanks, die sich genau um diesen Punkt dreht. Hanks spielt einen cleveren Geschäftsmann und Großinvestor im Buchhandel, der sich ausgerechnet in eine junge Buchhändlerin verliebt, deren kleiner „Laden um die Ecke" dem Konkurrenzdruck seiner großen Buchhandelskette nicht gewachsen ist. Der Erfolg des einen hatte den Misserfolg der anderen zur Folge. „Es war nicht persönlich gemeint", versucht er mit der Logik des Geschäftsmannes zu argumentieren. Aber was bekommt er darauf zu hören? „Ich nehme es aber persönlich! Das betrifft doch mein Leben, persönlicher geht es gar nicht!"

Wie recht sie hat. Die Nebenwirkungen sind meistens persönlicher Natur, und als solche wichtig. Was sich persönlich auf uns auswirkt, das dürfen wir auch persönlich nehmen – und persönlich lösen. So wie die junge Ladenbesitzerin in „E-Mail für dich", die trotz der zuerst rein negativen Nebenwirkungen nichts gegen ein Kennenlernen auf der persönlichen Ebene hat, auch wenn es auf der beruflichen Ebene sehr schlecht für sie lief. Und es deswegen am Ende noch eine besonders schöne Nebenwirkung für beide gibt, die große Liebe.

MK

67 DAS LEBEN IST LIEBENSWERT, weil Kopf und Hände zusammen gehören

Es gibt viele Menschen, die haben zwar einen Arbeitsplatz, aber keine *richtige* Arbeit. Sie sind immer beschäftigt, sie sprechen mit anderen, sie sitzen in Sitzungen, sie telefonieren, sie organisieren, sie verwalten, sie delegieren. Am Ende des Tages stehen sie häufig buchstäblich mit leeren Händen da und seufzen: „Eigentlich – nichts geschafft heute."

Benedikt von Nursia hat in seiner „Regel für das Zusammenleben von Mönchen" vorgeschrieben, dass jeder Klosterbruder, vom Abt bis zum einfachsten Novizen, jeden Tag eine Arbeit mit den Händen verrichten soll. Am besten etwas wirklich Handfestes: Er muss im Garten mit anpacken oder in der Küche, Reparaturen im Haus ausführen, die Kranken pflegen, Wäsche waschen oder putzen. Das ist besonders gut für die Kopfarbeiter, weil sie sonst körperlich verkümmern und außerdem traurig werden könnten.

Ebenso aber hat der kluge Benedikt jedem seiner Klosterbrüder (und auch sich selbst) jeden Tag eine Beschäftigung mit dem Geist verordnet. Das „Lesen erbaulicher Bücher" ist auch für diejenigen Vorschrift, die nach körperlichem Einsatz lieber die Beine hochlegen. Oder für alle, die gerne der Versuchung erliegen, sich bei der Arbeit so aufzureiben, dass der Geist danach völlig darniederliegt. Das ist auch schlecht, sagt Benedikt. Dann hängt man am Ende eines anstrengenden Tages erschöpft herum und spürt eine schale Sinnlosigkeit. Kopf und Hände gehören zusammen. Dann bleibt genug Kraft für das Denken und das Danken.

WTK

68 DAS LEBEN IST LIEBENSWERT, weil die Wachteln so klug sind

In Bayern gibt es eine kuriose Art von Kruzifix: An jedem der vier Enden sitzen ein paar Wachteln, die zum gekreuzigten Christus schauen.

Wenn Vögel zu mehreren schlafen, kuscheln sie sich so zusammen, dass ihre Köpfe nach außen gewandt sind, um eventuelle Feinde gleich zu erkennen. Die Wachteln sind die einzigen Vögel, die es anders machen. Sie schlafen in großen Gruppen, mit den Schnäbeln nach innen. Einer alten Legende nach hat ihnen das Jesus beigebracht. Er hat die flugunfähigen kleinen Wachteln gelehrt, dass es am sichersten ist, sich auf das Zentrum auszurichten. Dass sie vertrauensvoll auf ihn, Christus, blicken sollen.

So stecken die Wachteln bis auf den heutigen Tag beim Schlafen die Köpfe zusammen. Und wenn ein Feind kommt, flattern sie auseinander und jagen ihm damit einen gewaltigen Schrecken ein.

Das bayerische Wachtelkreuz passt am besten ins Schlafzimmer, über das Bett. Es gibt dem Schlafenden einen Hinweis: Dass die Sicherheit, die wir alle im Leben brauchen, nicht außen zu finden ist, in der Angst, bei Alarmanlagen, Waffen oder Polizei, sondern innen, in uns. An dem Punkt in unserem Herzen, bei dem wir dem begegnen, der uns geschaffen hat.

WTK

69

DAS LEBEN IST LIEBENSWERT, weil das Leben selbst uns inspiriert

Wissen Sie, was Sie inspiriert? Eine bestimmte Musik, die Sie in Schwung bringt? Die Lieblingstasse, gefüllt mit dampfendem Kaffee? Ein Spaziergang, bei dem Sie tief durchatmen können? Ein Gespräch, das Sie auf lauter neue Einfälle bringt? Ein kleines Ritual, mit dem Sie Ihre kreativen Prozesse einläuten? Inspiration empfangen wir aus den merkwürdigsten Dingen. Friedrich Schiller zum Beispiel ließ sich von dem Geruch eines schon leicht angefaulten Apfels inspirieren, den er beim Schreiben in einer Schreibtischschublade liegen hatte.

Die Inspiration wecken ist eine Sache. Sich ihr anzuvertrauen, noch einmal etwas ganz anderes. Inspiration ist nichts anderes als der Mut, dem Ruf zu folgen. Dem Ruf einer höheren, schöpferischen Macht, die sich durch uns ausdrücken und manifestieren möchte. Und zwar hier und jetzt. Als Georg Friedrich Händel seinen Messias komponierte, hatte er das Gefühl, zwanzig Tage lang von einer überirdischen Macht geleitet worden zu sein: „Ich vermeinte, den ganzen Himmel vor mir zu sehen und den großen Gott höchstselbst." Das ist wahrscheinlich die wichtigste Gabe, um unsere künstlerischen Kräfte zu wecken. Nur der Künstler in uns traut seinen Inspirationen und akzeptiert sie als hilfreiche Freunde bei seiner Arbeit. So wie der Maler Robert Motherwell, für den Malen nur möglich ist, wenn man sich von der Inspiration führen lässt: „Der Pinsel wird über das stolpern, was man selbst nicht zu tun vermag."

MK

70 DAS LEBEN IST LIEBENSWERT, weil wir „Schuld" klein schreiben können

Noch nie in der Geschichte, so behauptet der Soziologe Peter L. Berger, haben sich die Menschen in unserer Gesellschaft persönlich so schuldlos gefühlt wie in den letzten fünfzig Jahren:

Schuld an unseren eigenen Fehlern sind unsere Eltern. Die wiederum sind nicht direkt schuld, sondern die größeren gesellschaftlichen Systeme und staatlichen Strukturen, die sie fraglos anerkannten oder unter denen sie litten. Immer genauer erkennen wir die vielfältigen Zusammenhänge, immer weiter bewegt sich unsere eigene Verantwortung davon fort, und immer riesiger wird sie dadurch.

Schuld, großgeschrieben, ist etwas gigantisch Großes, Erdrückendes, zugleich aber auch unendlich weit Entferntes, Unabänderliches. Unter solcher Schuld kann man nur leiden. Einen Ansatzpunkt gibt es nicht.

Doch. Indem Sie das große Wort Schuld klein schreiben: „Ja, ich bin auch selber schuld." Das ist im ersten Augenblick unangenehm, aber damit gibt es endlich wieder einen Ansatzpunkt: Ja, ich fange bei mir selber an und übernehme die Verantwortung für mich und mein Handeln.

WTK

71 DAS LEBEN IST LIEBENSWERT, weil wir Freunde haben

„Alte Freunde" gibt es in zwei Kategorien. Über die erste Kategorie
sagen wir mit einem Lächeln und
einem unübersehbaren Stolz: Wir
sind uns immer noch so nah wie am
Beginn unserer Freundschaft. Nein,
eigentlich eher näher. Auch wenn
wir uns mal länger nicht sehen, wir
begegnen uns immer als Freunde.

Wir sind zusammengeblieben und zusammengewachsen. In dieser Be-
ziehung läuft alles wunderbar. Wir können uns aufeinander verlassen.
Wir wissen, was wir aneinander haben und möchten das nicht missen.
Freundschaft ist eine tolle Sache auf Erden. Da sind wir uns sicher.

Bei der zweiten Kategorie gibt es nicht so viel Euphorie. Nachdenklichkeit
herrscht vor, nicht selten gemischt mit Trauer oder sogar Bitternis. Alte
Freunde bedeutet in dieser Kategorie so viel wie „frühere Freunde". Das
bedeutet: Wir sind heute keine Freunde mehr. Das war einmal. Unsere
Freundschaft hat nicht nur ihren Höhepunkt gehabt, sondern auch schon
ihren Schlusspunkt. Weh getan hat das, aber es war nicht mehr zu ändern.

Verteufeln will man diese untergegangenen Freundschaften nicht, aber
etwas ratlos ist man doch, wie man es anstellen muss, damit man sie
freundlich als Teil der eigenen Vergangenheit anschauen kann. Friedrich
Nietzsche hat dafür einen schönen Begriff entwickelt. Er nennt die zweite Kategorie „Sternen-Freundschaft", weil sie ihren Schwerpunkt von der
irdischen auf eine andere Ebene verlagert hat. Er stellt die Freundschaft
in einen weiteren Raum, als wir zu sehen gewohnt sind. Dort finden alle
unsere Beziehungen ihre Bestimmung und ihren tieferen Sinn:

„Wir waren Freunde und sind uns fremd geworden. Wahrscheinlich
gibt es eine ungeheure unsichtbare Sternenbahn, in der unsere so verschiedenen Straßen als kleine Strecken einbegriffen sind. So wollen wir
an unsere Sternen-Freundschaft glauben, selbst wenn wir einander Er-
den-Feinde sein müssten."

Es lohnt sich, auch die Sternen-Freundschaften im Leben zu würdigen,
wie das Sternschnuppen-Funkeln in einer Sommernacht.

MK

72 DAS LEBEN IST LIEBENSWERT, weil wir Seltenes entdecken können

Bares für Rares, Kunst und Krempel – diese Sendungen sind seit Jahren beim Publikum beliebt. Meistens geht es um ererbte Dinge, deren Wert ermittelt werden soll. Oder um Trödel, den man geschenkt bekam. Dann wieder wurde eine kleine Kostbarkeit beim entspannten Bummeln über den Flohmarkt entdeckt. Profis fischen wertvolle Objekte natürlich ganz gezielt und schneller heraus als Laien. Aber ein Vergnügen ist es allemal, den Späherblick auf das bunte Durcheinander zu richten.

Dabei hat man drei Wahlmöglichkeiten. Nummer eins heißt Freiheit: Diesen Krempel brauche ich wirklich nicht. Ein Glück, dass so etwas nicht bei mir zu Hause herum steht. Von ähnlichem Zeug habe ich mich auch getrennt, himmlisch, wenn man das los ist! Wer so denkt, kann vergnügt mit leeren Händen nach Hause spazieren. Der Besuch hat einfach nur Spaß gemacht.

Nummer zwei heißt Verlockung: Bei allem, was mir ins Auge sticht und spontan gefällt, steht meine Verführbarkeit auf dem Prüfstand. Ein neues Objekt der Begierde lockt – aber ist es eine kluge Wahl? Wie lange wird seine Faszination auf mich anhalten? Widerstand oder Ergebung lautet hier die Aufgabe im mentalen Trainingsprogramm: Brauche ich das wirklich? Wie immer man sich entscheidet, es lohnt bestimmt, sich in solchen Fragen auf dem harmlosen Feld des Trödelmarktes zu üben. Im „Ernstfall" kann man davon profitieren.

Nummer drei heißt Sehnsucht, sie vertraut auf das Glück des Finders. Man geht zum Trödelmarkt und weiß plötzlich intuitiv: Hier irgendwo finde ich genau das, wonach ich gesucht habe. Etwas, das sofort eine Beziehung zu mir hat. Etwas, das mein Zuhause persönlicher machen wird. Etwas, das ich zu neuem Leben erwecken kann. Hier soll man zugreifen, denn dafür lohnt es sich, über Flohmärkte zu bummeln.

MK

73 DAS LEBEN IST LIEBENSWERT, weil Philosophie Lebenskunst ist

Es gibt einen wundervollen Satz in den Weisheitsbüchern des Alten Testaments: „Es ist besser zu gebrauchen, was vor Augen ist, statt nach anderem zu verlangen." (Prediger 6, 9) Er war mein Zauberwort in schwierigen Zeiten. Als das Geld knapp war, als die berufliche Weiterentwicklung wegen der Kinder stockte – mit diesem Satz im Kopf gab es immer eine Möglichkeit. Und zwar eine überraschend naheliegende.

Erst kürzlich fand ich denselben Gedanken bei dem römischen Philosophen Seneca in seinen Briefen an Lucilius: „Man darf sein Verlangen nicht auf Entferntes richten", rät er. „Nur in der näheren Umgebung wollen wir ihm Ausgang gestatten, weil sich Verlangen nun mal nicht ganz einsperren lässt." Seneca schlägt vor, bei Problemen die Blickrichtung zu ändern. Wer nur auf das momentan Unmögliche oder Schwierige starrt, entwickelt bald das fatale Gefühl, dass gerade ihm zu viel verwehrt bleibt, während andere es doch so viel besser haben. Solche Gedanken sind mentale Kolbenfresser. Wo sie sich breit machen, regieren bald Hoffnungslosigkeit, Unzufriedenheit und Neid.

Senecas Selbstschutz vor diesen Stimmungskillern lautet: Man muss sich auf die nächste Umgebung konzentrieren und aufspüren, was es hier an Möglichkeiten gibt: „Auch im Naheliegenden kann etwas liegen, das unseren Hoffnungen entgegenkommt."

Ein echter Philosoph wie Seneca denkt praktisch und liefert das Rezept für mehr Gelassenheit gleich mit: 1. Man muss sich an seine Situation anpassen. 2. Man sollte möglichst wenig darüber jammern. 3. Man sollte sich alles, was an Positivem in dieser Situation steckt, umgehend zu eigen machen.

Das gilt für jede Art von Problem: Man will ein Haus bauen, aber das Grundstück ist lächerlich klein? Die Antwort des Philosophen: „Winzige Grundstücke haben schon oft durch geschickte Aufteilung für vielfache Nutzung Platz geboten." Mit anderen Worten: Spielraum ist immer da, man muss ihn nur entdecken.

MK

74 DAS LEBEN IST LIEBENSWERT, weil Licht spricht

Es ist eine der erregendsten Entdeckungen der letzten Jahre: Licht-Energie ist nicht nur einfach Power. Sondern Licht enthält Information. Es strömt nicht einfach „nur so", sondern in winzig kleinen, pulsierenden Abschnitten. In den unglaublichen Mengen Licht, die unsere Sonne ständig von sich gibt, sind unglaubliche Mengen Informationen enthalten.

Informationen, die zusammen mit vielen anderen Faktoren notwendig waren für die Entstehung des Lebens. Die Zellen unseres Körpers empfangen Licht. Sie können dieses Licht speichern, und sie verständigen sich auch untereinander mit Licht. Immer ist es Licht, das Informationen enthält – vermutlich die entscheidenden Informationen für unsere Entwicklung. Gibt es dabei Störungen, kann beispielsweise Krebs entstehen.

Eine hochkomplizierte Materie, und doch ist der Grundgedanke ganz einfach. Er ist enthalten in den zwei berühmten großen Anfängen, von denen in der Bibel erzählt wird. Im Johannesevangelium heißt es: „Am Anfang war – das Wort." Logos, Logik, oder eben: Information. Und das erste Wort Gottes steht am Anfang des ersten Buchs Mose: Gott sprach: „Es werde – Licht."

WTK

75 DAS LEBEN IST LIEBENSWERT, weil man in die Vergangenheit zurückschauen kann

Stellen Sie sich manchmal vor, wie man in hundert, zweihundert Jahren auf das aktuelle Heute zurückschauen wird? Was dann wohl als erinnerungswürdig übrig geblieben ist? Was noch herausgefiltert werden kann aus den Strömen von Ereignissen, Dingen und Daten, die uns selbst Jahr für Jahr überfluten? Wie mag sich das für einen Nachgeborenen lesen, was man in einer Mail oder einem Blog schrieb, womöglich sogar noch einem Tagebuch anvertraute? Wird die Grammatik bis dahin die gleiche geblieben sein? Wird man den Jargon, die Zeitbezüge, die Anspielungen auf Songs, Filme, Bücher verstehen, die beweisen, dass wir Bewohner eines ganz bestimmten „Zeitdorfs" waren, wie Kurt Tucholsky es einmal nannte?

Tucholsky war übrigens der Meinung, dass an uns später einmal nicht das erinnern wird, was man an Schulstoff über unsere Zeit lernt oder was in unserem Pass stand. Eher würde es das Zufällige sein, das Erinnerung transportiert und Jahrzehnte überdauert. Ein zeittypisches Detail, das trotzdem eine ganze Epoche charakterisiert – wie der Nierentisch oder der Petticoat die 1950er Jahre.

Vielleicht überlebt auch ein unscheinbares Elementarteilchen unseres eigenen Lebens, dem wir selbst nichts Besonderes beigemessen haben. Lange nach uns aber legt es Zeugnis von uns ab, führt aus der fernen Zukunft, die ohne uns stattfindet, zurück zu unserer Gegenwart, die dann schon längst Vergangenheit ist. Ich glaube, dass es im kollektiven Gedächtnis wie im Erinnerungspool einer Familie tatsächlich so funktioniert. Bei uns gibt es zum Beispiel ein Stickmustertuch aus dem Jahr 1850. Eine Urgroßtante, Emma Küstenmacher, sehr früh verstorben, hat es als Schulmädchen mit winzig-feinen Buchstaben und Zahlen bestickt. Ob sie sich je hat träumen lassen, dass sie mit dieser Handarbeit in unserer Sippe über 170 Jahre präsent geblieben ist? Sicher nicht.

Aber Emma hat mit ihrer gestickten Jahreszahl 1850 ein Erinnerungshäkchen gesetzt, das mir hilft, historische Ereignisse mit ihrer Lebenszeit zu verbinden: Im gleichen Jahr wurde Kalifornien der 31. Bundesstaat der USA. In Weimar kam Wagners Oper Lohengrin zur Uraufführung. In Frankreich wurde die Blindenschrift offiziell eingeführt. Und in Sachsen erließ man ein Gesetz, das Frauen die Arbeit als Redakteurin und Herausgeberin von Zeitungen verbot. Solche Verbote sind bei uns Vergangenheit, in anderen „Zeitdörfern" auf unserem Planeten aber noch Gegenwart. Es lohnt sich also nicht nur, in die Vergangenheit zurückzuschauen. Wir sehen noch mehr, wenn wir dabei die Gleichzeitigkeit des Ungleichzeitigen bedenken.

MK

76 DAS LEBEN IST LIEBENSWERT, weil unsere Wünsche in Erfüllung gehen können

Vor fast 3000 Jahren lebte ein junger Mann im Orient. Er sah eines Nachts im Traum, dass Gott ihm erschien und sagte: „Du hast einen Wunsch frei. Was willst du haben?" So ein Augenblick, das ist das große Los. Die Superchance! „Alles ist möglich", sagt Gott. „Was willst du haben? Such dir was aus, du bekommst es." Der junge Mann überlegte, was man sich alles Großes wünschen kann: ein langes Leben, Gesundheit, Schönheit, Glück, Ruhm, Erfolg, Reichtum, Liebe!

Nichts von all dem wollte der junge Mann. Nachdem er eine Weile nachgedacht hatte, sagte er: „Eigentlich weiß ich noch gar nicht, worauf es wirklich ankommt im Leben. Ich kann überhaupt nicht zwischen den guten und den schlechten Dingen im Leben unterscheiden. Ich weiß auch noch nicht, wie ich mich orientieren soll und verstehe so vieles nicht bei mir und bei anderen. – Darum wünsche ich mir am besten ein weises und verständiges Herz." Und Gott, so erzählt die Geschichte weiter, gefiel dieser Wunsch so gut, dass er ihn erfüllte. Und diesem jungen Mann obendrein all das schenkte, worum er nicht gebeten hatte: Reichtum, Ansehen, ein langes Leben.

Der junge Mann war ein israelitischer Prinz und hatte mit 20 Jahren gerade den Thron seines Vaters bestiegen. In die Geschichte ging er ein als ein Mann von Souveränität und Weisheit. Sein Name: König Salomo.

MK

77 DAS LEBEN IST LIEBENSWERT,
weil wir danken können

Es ist eine bewährte Übung, die viele Therapeuten und Seelsorger empfehlen: Schreiben Sie am Abend auf, wofür Sie an diesem Tag dankbar sein können. Für die Menschen, die für mich sorgen oder gesorgt haben. Und für die, für die ich da bin. Dass ich ohne Unfall durch den Verkehr gekommen bin, mit dem Auto, dem Bus, der Bahn, dem Flugzeug. Für jeden Schlag meines Herzens, jeden Ton, den ich gut höre, jeden Atemzug meiner Lungen. Doch nach einiger Zeit merkt man, dass sich die Themen wiederholen.

Der über 90 Jahre alte Benediktinermönch David Steindl-Rast schlägt daher eine Variation dieser Übung vor. Machen Sie es am besten direkt vor dem Schlafengehen: Notieren Sie nur noch eine einzige Sache. Aber eine, für die Sie bisher noch nie dankbar waren. Also zum Beispiel: Meine Strümpfe, weil sie meine Füße warm halten. Mein schwieriger Kollege (weil ich durch ihn ungeahnte Abgründe in mir entdecke und mir meiner eigenen Aggressionen bewusst werde). Meine Rückenschmerzen (weil sie mich Mitgefühl lehren für Menschen mit chronischen Beschwerden).

Sie werden sehen: Diese Übung ist anspruchsvoll und zugleich wertvoll, weil sie sich den guten wie schwierigen Aspekten im Leben stellt. Sie zieht Sie in Ihre Tiefe und verwandelt dort unten Belastungen in Einsicht, Weite und Mitgefühl. Der Nachschub an Ideen dazu ist auch nach Jahren unerschöpflich. „Glück macht uns nicht dankbar", schreibt Bruder David auf seiner Website, „sondern Dankbarkeit macht uns glücklich."

WTK

78 DAS LEBEN IST LIEBENSWERT, weil es Wochenenden und Arbeitswochen gibt

„Hurra!", ruft der fidele Moderator vom Frühstücksradio schon am Donnerstagnachmittag, „bald ist wieder Wochenende!" Ich wundere mich immer wieder über diese schematische Wochenendfreude. Ist denn Arbeit soo schlimm, dass mir jeder Wildfremde ein „Frohes Wochenende!" ins Ohr krähen muss?

Leider erlebe ich das oft: Menschen reden sich ihre Arbeit schlecht. Sehen darin nur einen Job. Wer mit seinem Arbeitsfeld zufrieden ist, gerne ins Geschäft oder Büro geht oder positiv über seinen Chef redet, erntet verwunderte Blicke. Was ist das für ein Leben, wenn nur zwei von sieben Tagen gut sind? Nach den Lockdown-Phasen wegen der Corona-Pandemie sah es plötzlich ganz anders aus: Die meisten Menschen freuten sich, wieder zur Arbeit gehen zu können. Arbeit strukturiert den Tag, die Woche, das Jahr. Arbeit stiftet soziale Kontakte. Und wenn man am richtigen Platz steht, erzeugt sie nicht nur Lohn, sondern auch Sinn.

Den Weltrekord in Sachen Unterschied zwischen Arbeit und Feiertag halten wohl die Juden. 39 Tätigkeiten haben sie definiert, die verboten sind am heiligen Sabbat, der am Freitagabend beginnt. Dazu gehört vor allem Feuer machen, inklusive allem, was irgendwie elektrisch ist. Also: weder Autofahren, Licht, Radio, Fernsehen, Internet noch Telefonieren.

Was für uns übertrieben klingt, hat einen geistlichen Kern: Indem man regelmäßig auf das Allernormalste verzichtet, lernt man es in den restlichen sechs Tagen ganz besonders zu schätzen. Vielleicht eine Idee für den nächsten Sonntag: Handy aus, nichts kochen, extrem einfach leben. Und dann die Erfahrung machen, die die Juden mit ihrem berühmten Humor beschreiben: Sie arbeiten deshalb so gern sechs Tage die Woche, sagen sie, weil es am Sabbat so langweilig ist.

WTK

79 DAS LEBEN IST LIEBENSWERT, weil es oft auch anders herum geht

Ein Haushalt setzt sich im Durchschnitt aus rund 10 000 Dingen zusammen. Darunter befinden sich eine Menge praktischer Sachen, die uns das Leben leichter machen sollen. Aber schicken Sie mal einen Linkshänder los – und Sie werden erleben, dass sich alle die vielen Nützlichkeiten in Teufelszeug verwandeln, das einem das Leben schwer macht. Die Maßeinteilung auf der Innenseite von Messbechern bekommt nur ein Rechtshänder zu Gesicht. Der Verschluss einer Brosche dreht sich in die falsche Richtung. Das Kartoffelschälmesser versagt in der linken Hand. Die Schere hat falsch geformte Fingergriffe, die beim Schneiden wehtun.

Seltsamerweise hat es nie einen kollektiven Protest der immerhin 10 bis 15 Prozent Linkshänder gegen die „Verschwörung von rechts" gegeben. Sie haben sich an die – aus ihrer Sicht – doch ziemlich verkehrte Welt angepasst. Sie suchen geduldig nach Computermäusen, Bügeleisen, Heckenscheren und Schöpfkellen, die so „neutral" konstruiert sind, dass sie auch mit links funktionieren. Notfalls spannen sie die Gitarrenseiten andersherum auf oder häkeln spiegelverkehrt.

Weil Linkshänder sich immer etwas einfallen lassen müssen, sind nicht wenige von ihnen besonders kreativ geworden. Die Maler Albrecht Dürer, Leonardo da Vinci und Paul Klee waren Linkshänder. Musiker wie Paul McCartney, Jimi Hendrix oder Bob Dylan gehören zu ihnen, aber auch Ludwig van Beethoven und Sergej Prokofjew. Auf der Liste stehen auch viele Schauspieler wie Charles Chaplin, Robert De Niro, Whoopi Goldberg, Goldie Hawn, Marilyn Monroe, Robert Redford und Julia Roberts. Nicht zu vergessen Friedrich Nietzsche, Albert Schweitzer und Albert Einstein. Sie alle haben bewiesen, dass es auch anders herum geht. Was Sie ja längst wissen, wenn Sie Linkshänder sind – wie wir, Marion und Werner Tiki Küstenmacher, auch.

MK

93

80 DAS LEBEN IST LIEBENSWERT, weil es Witze gibt

Es gibt viele Witze über Himmel und Hölle, und einen mag ich besonders: Im Himmel sind die Franzosen die Köche, die Italiener die Liebhaber, die Deutschen regeln die Wirtschaft, die Schweizer regieren, die Engländer stellen die Polizisten, und die Amerikaner machen Filme darüber.

Und in der Hölle? Da sind die Engländer die Köche, die Schweizer die Liebhaber, die Italiener regeln die Wirtschaft, die Franzosen regieren, die Deutschen stellen die Polizisten – und die Amerikaner machen Filme darüber.

Da steckt viel Wahrheit drin: Denn Himmel und Hölle sind, denke ich, sehr ähnliche Orte, mit den gleichen Menschen. In jedem von uns steckt beides, je nachdem, was man mit uns macht, wo man uns einsetzt. Und das Essen, die Liebe, das Geld, die Politik, die Sicherheit oder ein Spielfilm – alles kann himmlisch wunderbar oder höllisch gemein sein.

Vielleicht wird es am Ende doch so kommen, wie es sich Martin Luther einmal vorgestellt hat: Da sitze ich im Himmel, und neben mir ist einer, für den ist genau dieser Himmel die Hölle.

WTK

81 DAS LEBEN IST LIEBENSWERT, weil es nicht auf die Verpackung ankommt, sondern auf den Inhalt

Albert Einstein liebte es lässig, ganz besonders in Kleiderfragen. Von Eleganz hielt er nicht viel. Als seine Frau ihn ermahnte, er solle in Bezug auf seine äußere Erscheinung doch nicht so nachlässig sein und sich für ein Abendessen bei Freunden ordentlich herrichten, erwiderte er: „Wieso, dort kennt mich ja jeder." Als ihm gesagt wurde, er möge sich bitte für seine erste große internationale Konferenz sorgfältig kleiden, war seine Antwort: „Wieso, dort kennt mich ja niemand." Statt Anzügen mochte er lieber bequeme Pullis und verbeulte Hosen. Einstein trug auch niemals Strümpfe. Selbst als er zu Präsident Roosevelt ins Weiße Haus eingeladen war, zog er keine an, weil er fand, dass er nun ein Alter reicht habe, „in dem ich dann, wenn mir jemand sagt, ich solle Socken tragen, das nicht tun muss".

Sein Markenzeichen, die wilde Strubbelmähne des „verrückten Professors", kam ganz einfach dadurch zustande, dass er keine Lust hatte, zum Friseur zu gehen, und seine kurzsichtige Frau Elsa ihm die Haare schneiden musste.

Einstein fand, „es wäre traurig, wenn die Tüte wertvoller wäre als das darin verpackte Fleisch". Und dabei blieb es. Er hatte keine Lust, als „Tafelaufsatz" bei Gesellschaften zu dienen und sich dafür herauszuputzen zu müssen. „Ich kleide mich stets nachlässig, auch bei dem heiligen Sakrament des Dinners." Der Professor hatte das Gesetz des Unkonventionellen entdeckt und gestand mit entwaffnender Ehrlichkeit: „Man kann sich durch Verstöße gegen den guten Ton eine schöne Ungestörtheit verschaffen." Weniger Look, weniger Druck! Dafür aber genug Freiheit, man selbst zu sein und Äußerlichkeiten nicht zu wichtig zu nehmen. Eine Relativitätslehre der selbstbewussten Bescheidenheit, die offensichtlich durch ihre Zeitlosigkeit besticht.

MK

82

DAS LEBEN IST LIEBENSWERT, weil es versteckte Überraschungen gibt

„Kenn ich schon!", sagt der liebe Mitmensch oft, wenn man ihn bittet, einen Film mit anzuschauen, den er schon kennt. Oder sonst etwas Altbekanntes noch einmal zu machen. Professor Ed O'Brien von der Universität Chicago hat das Phänomen der Wiederholung erforscht. Und tatsächlich, neue Erlebnisse lassen das menschliche Gehirn viel mehr vom Glückshormon Dopamin produzieren als altbekannte. Ein neuer Film, neue Schuhe, ein neues Jahr – das törnt die Emotionen in den kleinen grauen Zellen an.

Aber, und das war ein verblüffendes Ergebnis seiner Studien: Die Versuchspersonen haben sich über Wiederholungen von schönen Erlebnissen viel mehr gefreut, als sie zunächst dachten. Sie entdeckten in dem Film, den sie doch schon kannten, unerwartet viel Neues. Sie staunten, was sich in der altbekannten Musik oder dem schon gelesenen Buch noch an Überraschungen versteckte. Das ließ sich sogar in den Gehirnen nachweisen: Das gute Dopamin-Gefühl war bei Wiederholungen zwar nicht so stark wie bei Neuigkeiten, es hielt dafür aber viel länger an.

„Kenn ich schon!", sagen viele über ihren Partner, ihren Beruf, ihren Wohnort. Manche machen sich dann auf, um das angeblich so Bekannte zu verlassen. Das geht längst nicht immer gut. Klüger ist es meist, offen zu werden für die versteckten Überraschungen.

WTK

83 DAS LEBEN IST LIEBENSWERT, weil Präriehunde Kräuter mögen

Seht die Vögel unter dem Himmel: Sie säen nicht, sie ernten nicht, sie sammeln nicht in Scheunen, und euer himmlischer Vater ernährt sie doch. So hat es Jesus seinen Jüngern erzählt, und er wollte damit sagen: Macht euch nicht so viele Sorgen.

Da hat er sicher Recht, aber seine Rede hinterlässt den Eindruck, als wären die Tiere unbekümmerte Kreaturen, die einigermaßen planlos in den Tag hineinleben. Das stimmt so nicht. Und das meint er wohl auch nicht.

Die australischen Präriehunde, so fand man jetzt heraus, rupfen sich im Frühjahr eine Wiese kahl. Fressen tun sie das für sie ungenießbare Gras dabei nicht. Später, im Sommer, wachsen auf der „gemähten" Wiese besonders wohlschmeckende Kräuter, die im hohen Gras keine Chance gehabt hätten. Also eine vorausschauende Planung, fast eine Art einfacher Landwirtschaft.

„Macht euch nicht so viele Sorgen", das heißt nicht, alle Fünfe grade sein zu lassen und auf Kosten von jemand anderem zu leben. Sondern, so könnte Jesus auch sagen: Seht die Präriehunde in Australien an. Sie lassen sich nicht von Sorgen zerfressen. Aber sie freuen sich an den leckeren Kräutern, für deren Wachstum sie rechtzeitig gesorgt haben.

WTK

84 DAS LEBEN IST LIEBENSWERT, weil wir nicht unfehlbar sind

Es vergeht kein Tag, an dem nicht irgendjemand, den wir kennen, einen Fehler macht. Natürlich sind wir selbst auch nicht ohne jeden Makel. Aber trotzdem ist es meistens so, dass uns die Fehler der anderen schneller auffallen als unsere eigenen. Dann regen wir uns auf über die kleinen und großen Sünden unserer lieben Mitmenschen: was sie falsch gemacht haben, was sie hätten tun oder lassen sollen, was wir an ihrer Stelle besser gemacht hätten. Vielleicht sprechen wir es nicht immer offen aus, aber heimlich halten wir den anderen ganz gerne ihre Fehler vor. Vielleicht, weil es uns selbst entlastet und wir uns dann ein bisschen besser fühlen können. Trotzdem kann es auf Dauer keiner Beziehung gut tun. Wenn wir bei anderen Menschen immer nur ihre Fehler wahrnehmen, verlieren wir sie früher oder später. Was also ist zu tun?

So komisch es klingt, der messerscharfe Blick, mit dem auch der kleinste Fehler blitzschnell wahrgenommen wird, ist eine Art Sehstörung. Eine spezielle Form der Kurzsichtigkeit, genauer genommen. Wer Augen hat, die nur bis zu den Fehlern sehen können, braucht dringend eine Sehhilfe: Die Brille der Liebe. Sie hilft uns, mit freundlichen Augen durch alle negativen Schichten hindurch und an allen Mängeln vorbei bis auf den guten Grund zu sehen, der in jedem Menschen angelegt ist. Und da gibt es so viel Schönes und Liebenswertes zu entdecken, dass man gar keine Lust mehr hat, seine Zeit mit der Suche nach Fehlern zu vergeuden. Es lohnt sich einfach nicht genug!

MK

85 DAS LEBEN IST LIEBENSWERT, weil der Mond uns allen gehört

Ich besitze ein Grundstück auf dem Mond. Es ist 7 Millionen Quadratmeter groß, liegt direkt am Fuße des Kraters Gassendi. Es hat sogar Meerblick, denn man schaut von hier auf das *mare humorum,* das „Meer der Feuchtigkeit".

Ich habe es von einem amerikanischen Schelm gekauft, für gerade einmal 20 Dollar. Der hat sich beim Grundbuchamt von San Francisco eintragen lassen als Eigentümer des Mondes und aller Planeten außer der Erde. Wie gesagt, ein Schelmenstreich. Rechtlich bindend ist das nicht, der Mond ist wie alle Himmelskörper das Eigentum von niemandem.

Und doch, seitdem ich die kuriose Besitzurkunde habe von meinem Mondareal, das natürlich auf der Mondvorderseite liegt und daher Erdblick hat, seitdem sehe ich abends den Mond mit anderen Augen. Wie schön, freue ich mich bei dreiviertelvollem Mond, jetzt liegt mein Grundstück in der Sonne.

Ist das nicht verrückt? Was ist das überhaupt, ein Grundstück? Niemandem gehört wirklich irgendetwas, weder auf dem Mond noch hier auf der Erde. „Die Erde gehört dem Herrn", steht in der Bibel. Ein Grundstück, das ist eine Idee. Eine Absprache unter Menschen, die die einen arm macht und die anderen reich.

Weder die Erde noch der Mond noch das Universum sind unser Besitz, mit dem wir umgehen können, wie wir wollen. Wenn es überhaupt einen Besitzer gibt, dann den, der all das erschaffen hat. Dann gehören auch wir dazu. Und sehen die Welt mit anderen Augen.

WTK

99

86 DAS LEBEN IST LIEBENSWERT, weil wir so viele sind

Wir sind jetzt rund 8 Milliarden Menschen auf dieser Erde. Viele haben ein mulmiges Gefühl, wenn sie daran denken. Manche kriegen richtig Angst. Das Wort „Überbevölkerung" kommt ihnen in den Sinn, oder „Bevölkerungsexplosion".

Ich möchte Ihnen eine gute Nachricht weitersagen, die auf soliden offiziellen Statistiken beruht: Die „Explosion" ist zu Ende. Die Zahl der Kinder pro Frau liegt im weltweiten Durchschnitt bei 2,4 – Tendenz weiter sinkend. Als ich 1953 auf die Welt kam, war dieser Wert doppelt so hoch. Ja, wir sind immer noch sehr viele. Unsere Zahl wird sogar noch wachsen, weil wir immer gesünder und älter werden, weltweit. Aber vor dem Erreichen der 10-Milliarden-Grenze wird sie stoppen und danach allmählich zurückgehen.

Ich finde es unerträglich, wenn wir Erdbewohner uns vor allem als rücksichtslose Verbraucher sehen, die diesen Planeten nur heruntergewirtschaftet haben. Es ist auch ein Reichtum, dass wir so viele sind. Lauter einzelne großartige Geschöpfe, die lieben, lernen, etwas schaffen, nach Lösungen suchen, Neues entwickeln, und hart arbeiten. Ich sehe in den acht bis knapp zehn Milliarden ein riesiges Potential, in dem rund um den Globus neue Lösungen für anstehende Probleme entwickelt werden.

Als Jesus auf die Erde kam, war er einer von 300 Millionen Menschen. Er lehrte, dass jeder einzelne wertvoll ist und nannte sich selbst am liebsten Menschensohn. Heute haben wir uns, verglichen mit damals, verfünfundzwanzigfacht. Warum sollte Jesu Menschenliebe nicht mehr gelten? Liebe lässt sich ebenso multiplizieren! Damit würden wir genau wie er etwas wirklich Gutes aus unserer Lebenszeit machen. Sie, und ich, und alle unsere Lieben.

WTK

87

DAS LEBEN IST LIEBENSWERT, weil wir Schiffe bauen, um das sichere Land zu verlassen

Ein englisches Sprichwort sagt: „Ein Schiff, das im Hafen liegt, ist sicher. Aber dafür werden Schiffe nicht gebaut." Das Schiff ist ein altes Symbol für die Persönlichkeit des Menschen. Mit seinem „Lebensschiff" fährt er über das „große Wasser Leben" und wird von Glück und Unglück begleitet, muss unbekannte Gefahren meistern und darf dabei sein letztes Ziel, die Rückkehr in den „Heimathafen", nicht vergessen.

Der berühmte Seefahrer Sir Francis Drake (1543-1596) schaffte mit der „Golden Hind", dem letzten aus einem Geschwader von fünf Schiffen, 1577-80 die Weltumsegelung. Abenteuerlust und Zuversicht verließen den englischen Freibeuter auch bei Tiefschlägen nicht. Als die „Golden Hind" wegen zu schwerer Fracht in Celebes auf ein Riff auflief, ließ er die kostbare Ladung Gewürznelken kurzerhand über Bord werfen, obwohl sie ihn ein Vermögen gekostet hatte und ein noch größeres hätte einbringen sollen. Er war überzeugt, dass er als reicher Mann nach England zurückkehren würde, und er behielt letztlich recht.

Nicht jedes hohe Risiko lohnt sich. Wer aber die Mühen des Weges scheut und aus lauter Angst einfach im sicheren Hafen liegen bleibt, versäumt das Wesentliche, die Reise zu sich selbst. Und etwas Lohnenderes als das muss man erst einmal finden.

MK

88
DAS LEBEN IST LIEBENSWERT, weil auch kleinste Schritte zählen

Die US-Autorin Martha Beck erzählt, wie sie – jung verheiratet, gerade Mutter und Hochschulassistentin für Chinesische Geschichte geworden – ihre Doktorarbeit machen wollte bei einem schwierigen Professor.

Täglich vier Stunden am PC sitzen, wenn das Baby schläft und alles andere geschafft ist, das müsste doch klappen, dachte sie. Aber im harten Echtzeitalltag erwies sich das als zu ehrgeizig. Na gut, dann eben zwei Stunden. Ergebnis des Praxistests: ebenfalls undurchführbar. In der Bibel wird erzählt, wie Erzvater Abraham die Stadt Sodom retten wollte und Gott herunterhandelte bei der erforderlichen Anzahl der Menschen mit anständigem Lebenswandel. Genauso dealte Martha mit sich. Zu guter Letzt war sie bei 10 Minuten pro Tag angekommen.

Ein lächerlich winziges Pensum, aber das bekam sie hin, superkonsequent und Tag für Tag. Eine Doktorarbeit in 10-Minuten-Schritten? Doch, sie hat es geschafft, und tröstete sich während der Arbeit mit der Idee: Auch Schildkröten transportieren ihren schweren Panzer auf kurzen Beinchen über weite Strecken, weil sie unermüdlich Schritt vor Schritt setzen.

Jetzt, wo ich älter werde, nutze ich die Schildkrötenmethode selbst. Ich teile mir vieles in kleinere Schritte ein. Eben wie man in Bayern gerne sagt: „Ein bisserl was geht immer!"

WTK

89 DAS LEBEN IST LIEBENSWERT, weil wir anderen zustimmen können

Von Marlene Dietrich, der Leinwandlegende und gefeierten Hollywoodgöttin weiß man, dass sie mit dem Verblassen ihrer Schönheit nicht fertig wurde. Sie verbarg ihr Gesicht, igelte sich in ihrer Pariser Wohnung ein und hörte sich in ihrer Einsamkeit Platten an, auf denen nichts anderes zu hören war als – Applaus.

Ehrlicher, spontaner Applaus ist eine frohe, herzliche Zustimmung. Er sagt: Wie du gerade bist und was du gerade machst, gefällt mir. Ich stimme dir gerne zu! Der Applaus füllt die Vorratsspeicher unseres Selbstwertgefühls genauso wie ein anerkennender Blick, ein freundliches Lob oder ein dankbarer Händedruck.

Zu einem gesunden Selbstwertgefühl gehört aber auch, dass man sich selber zustimmen kann, selbst wenn die Anerkennung durch andere einmal ausbleibt. Etwa, wenn man älter wird und die äußere Schönheit oder Attraktivität langsam verblasst. Marlene Dietrich hatte, wie andere Berühmtheiten auch, ihre Schwierigkeiten damit. Der Applaus aus der Konserve war ihr Ersatz für die wohltuende Erfahrung der Zustimmung durch andere. Dabei hätte es eine ziemlich einfache Lösung für sie gegeben: Sie hätte lernen können, *anderen* zu applaudieren. Ihren jüngeren Kolleginnen und Kollegen. Dem Himmel über Paris. Der Morgenluft und dem Abendrot. Den fröhlichen Spatzen auf den Dächern. Der ganzen Schönheit dieser Erde. Diese Form der Anerkennung, mit dem Herzen gegeben, stiftet eine wundervolle, lebenslange Verbundenheit mit allem. Sie nährt das Herz, ist das Gegenteil von Einsamkeit und immer einen Applaus wert.

MK

90 DAS LEBEN IST LIEBENSWERT, weil wir uns überschreiten können

Wir Menschen verändern uns. Wir lernen dazu. Ich bin heute ein anderer als vor 10, 20 oder 40 Jahren. Der amerikanische Philosoph Ken Wilber hat dieses Phänomen in einer originellen Weise deutlich gemacht. Wenn er über sich selbst spricht, etwa über seine früheren Bücher und philosophischen Positionen, nummeriert er die Phasen seines Denkens durch:

„Wilber 1" ging davon aus, dass wir das Paradies verloren haben und wieder zurückfinden müssen in den leider verlorenen Urzustand der All-Einheit.

„Wilber 2" hat das korrigiert: Nein, Entwicklung läuft immer vom Einfachen hin zum Komplexen. Auch spirituell. Wir sollten nach vorn sehen, spirituell erwachsen werden und gleichsam in Gottes Unendlichkeit hineinwachsen. Wie Jesus, Buddha oder auch große Mystiker, deren Spiritualität reifte und nichts Infantiles hatte.

„Wilber 3" hat gesehen: Geistliche Entwicklung ist nichts Statisches. Sie geht aber auch nicht einfach nur stur nach vorn. Sie verläuft komplizierter, mäandert, gerät ins Stocken oder sackt ab. Sie durchleidet Krisen, macht Sprünge, gleicht einem Tanz hin zu immer mehr Komplexität.

„Wilber 4" zeigt, wie man lernen kann, all das gleichzeitig aus immer mehr Perspektiven zu sehen, bei sich selbst und anderen. Damit nimmt der Egoismus ab, während die soziale Kompetenz und das Mitgefühl zunehmen.

Mittlerweile ist er angelangt bei „Wilber 6". Er unterscheidet jetzt auch präzise zwischen sozialen Entwicklungsstufen, die wir als Einzelne und Gesellschaft durchlaufen, und tiefen Bewusstseinszuständen, in denen wir Gotteserfahrungen machen können. Mir gefällt das. Wenn ich zurücksehe, merke ich, dass sich mein Glauben und meine theologischen Positionen auch verändert haben. Sie sind erwachsener und auch komplexer geworden. Küstenmacher 1, Küstenmacher 2, das hält auch bei mir hoffentlich noch eine ganze Weile an. Und dabei wird das Geheimnis, das wir Gott nennen, immer größer und weiter, Gott sei Dank!

WTK

91 DAS LEBEN IST LIEBENSWERT, weil auch Kängurus erst mal kleine Sprünge machen

Die australischen Riesenkängurus haben eine ungeheure Sprungkraft: Über drei Meter hoch und bis zu 13 Meter weit kann ein einziger Sprung gehen. Dabei kann man sich kaum vorstellen, dass ein neugeborenes Kängurubaby nur 1 Gramm wiegt und nicht einmal 2 cm groß ist. Es kann keine großen Sprünge machen, sondern nur in den Beutel seiner Mutter klettern. Der Beginn einer großen Springerkarriere gleicht eher dem hilflosen Schlängeln und Zappeln eines Regenwürmchens.

Wenn Sie manchmal etwas schwer in die Gänge kommen oder öfter mal den Absprung nicht so recht schaffen für den nächsten Schritt in Ihrer persönlichen Entwicklung, dann haben Sie im Känguru das richtige Wappentier gefunden. Große Sprungkraft entwickelt sich offensichtlich auch dann, wenn man nichts überspringt. Mit Besonnenheit und Stehvermögen kommt man eben auch zum Ziel. Manchmal sogar besser als die Sprunghaften, die bei vielem schnell wieder abspringen.

Sie befinden sich übrigens in bester Gesellschaft, denn auch der dänische Philosoph Sören Kierkegaard hat sich im Känguru wiedergefunden: „Ich bin etwas unproportioniert gebaut. Wie das Känguru habe ich ganz kurze Vorderbeine, aber unendlich lange Hinterbeine. Für gewöhnlich sitze ich ganz still; komme ich aber einmal in Bewegung, so mache ich einen ungeheuren Sprung – zum Entsetzen aller derjenigen, mit welchen ich verbunden bin."

Warnen Sie also Ihre Liebsten ruhig ein bisschen vor, wenn Sie zum großen Sprung ansetzen und nehmen Sie die verwunderten Blicke gelassen hin. Das Warten hat sich gelohnt!

MK

92

DAS LEBEN IST LIEBENSWERT,
weil das Böse uns mal kann

In so mancher mittelalterlichen Kathedrale gibt es höchst weltliche Darstellungen von Orgien und Saufgelagen, von Taschendiebstahl bis zur Pornographie. Meistens links und rechts vom Altar; dort, wo das sogenannte Chorgestühl ist. Da saßen die Mönche oder Chorherren auf holzgeschnitzten Klappsitzen, und darunter finden sich die abenteuerlichsten Bilder aller menschlichen Ausschweifungen und Laster. Äußerst lebensnahe Abbildungen von Mord und Betrug, Lüge und Eitelkeit, Egoismus und Arroganz.

Aber warum? War das nur der Spaß der Schnitzer, die sich dort verwirklichen wollten? Nein, die Auftraggeber bestanden auf diesen Bildern. Denn sie hatten etwas sehr Kluges erkannt: Gerade auf den besten Plätzen, wo die heiligsten, vornehmsten und prominentesten Christen sitzen, noch dazu während der vornehmsten und heiligsten Messe – auch da ist das Böse keineswegs automatisch ausgeschaltet. Nein, es ist immer da. In uns. Es bedroht uns immer. Und immer brauchen wir die Energie, dagegen anzukämpfen, indem wir es aus dem Schatten ans Licht holen und es uns so bewusst machen.

Zugleich ist der Platz des Bösen gut gewählt. Es ist überdeutlich, wo es hingehört. Vielleicht wäre es gar nicht so verkehrt, ich würde mir mein Lieblingslaster, dem ich immer wieder zu erliegen drohe, unter meinen Schreibtischstuhl kleben. Selbst wenn ich selber nicht dran denke, würde doch wenigstens mein Hinterteil sozusagen still meditieren und zur Versuchung sagen: Weißt du, wo du mich mal kannst?

WTK

93 DAS LEBEN IST LIEBENSWERT, weil es Grenzen gibt

Ganz gleich, ob Sie in einer Wohnung leben oder in einem Haus, auf engem Raum oder mit viel Platz – irgendwo kommt eine Grenze. Eine Tür, eine Wand, ein Zaun, eine Hecke. Da beginnt das Reich des anderen. Geschlossene Türen, Mauern und hohe Hecken machen einen manchmal traurig oder zornig. Da ist es gut, sich daran zu erinnern, wie solche Grenzen entstanden sind.

Es sind Werke der Liebe. Der andere Mensch ist die mir gesetzte Grenze. Ganz gleich, ob es mein Partner ist, mein Kind oder mein Nachbar. Aus Liebe zu mir selber und aus Liebe zu ihm werde ich diese Grenze achten.

Wenn meine Liebe aber zerstört ist, dann werde ich auch diese Grenze hassen. Ich werde diese Grenze missachten, mit schamlosen Bemerkungen, mit Lärm oder mit großen Bäumen, die möglichst weit ins Nachbargrundstück ragen. Ich will den anderen kontrollieren, ihn ohne Grenzen besitzen, wenigstens symbolisch, oder ihn grenzenlos vernichten.

Den richtigen Abstand zu wahren, das ist das Geheimnis der Kultur, das Geheimnis des Zusammenlebens von Menschen, und letztlich auch das Geheimnis der Liebe.

WTK

94 DAS LEBEN IST LIEBENSWERT, weil man mit Scherben auch Glück anrichten kann

Es lohnt sich für Erwachsene, noch einmal in den Büchern der eigenen Kindheit zu schmökern. Astrid Lindgren zum Beispiel, die berühmte Kinderbuchautorin aus Schweden, war eine Meisterin in der Kunst, die Probleme der Erwachsenen im Handumdrehen mit

der Logik eines Kindes aus der Welt zu schaffen. In ihrem Buch „Karlsson vom Dach" präsentiert sie so ganz nebenbei die netteste Lösung, wie man sich guten Gewissens von unvollständigen Servicen trennt. Weil solche Altlasten aus Steingut, Bone-China und Bleikristall anscheinend mehr von Frauen als von Männern verteidigt werden (die Herren horten lieber Elektroschrott), gibt sie ihren Rat von Frau zu Frau in einer emotionalen Logik ab, die Wunder bewirken kann. Also aufgepasst, liebe Besitzerinnen von angeschlagenem oder unvollständigem Geschirr, das seit Jahren pietätvoll in unseren Küchen- und Esszimmerschränken lagert, aber leider nie die Sonntagstafel oder den Küchentisch ziert. Astrid Lindgrens lässige Geschirr-Weisheit lautet:

„Weshalb soll die Suppenschüssel heil bleiben, wenn die Teller kaputt sind? Sie würde sich bloß einsam fühlen, die arme Suppenschüssel."

Ein Kinderbuchsatz, aber unschlagbar weiblich argumentiert. Einsam fühlen sich diese voluminösen Dinger! So herzlos will man nicht länger sein. Unser Einfühlungsvermögen und die plötzliche Einsicht in Einsamkeit und Leid der armen Zurückgebliebenen motivieren zum finalen Gnadenstoß. Ballast abwerfen! Um die Polterabendstimmung zu steigern, kann man sich dazu ein paar italienische Opern auflegen und schwungvoll den Abgang all derer inszenieren, die viel zu lange das belegt haben, was wir selbst unbedingt brauchen: Platz. Viel Platz.

MK

95 DAS LEBEN IST LIEBENSWERT, weil wir ein Wunderwerk aus Zellen sind

Schauen Sie einmal Ihre Hände an, Ihre Haut, fühlen Sie Ihren Körper. Er besteht aus über 100 Billionen Zellen, das sind 100 Millionen Millionen, oder – wenn jede unserer Zellen einem Menschen auf der Erde entspräche – so viele Menschen wie auf 20 000 Erden. Seit Sie angefangen haben, diese Buchseite zu lesen, sind über drei Millionen Zellen in Ihrem Körper gestorben, und ebenso viele sind in diesem Zeitraum geboren worden.

Leben besteht aus ständigem Sterben und Geborenwerden. Das funktioniert nur, wenn alle Zellen verwoben sind in einen gemeinsamen Prozess. Jede einzelne Zelle kennt ihren Ort und ihre spezielle Fähigkeit.

Die Natur ist faszinierend in ihrer Vielgestaltigkeit und in ihren Möglichkeiten, von der Konstruktion des menschlichen Auges bis zu den Mustern des Schmetterlingsflügels, von den Adern in einem Blatt bis zur Form des Schildkrötenpanzers. Manche Menschen beginnen, Gott zu loben und zu preisen, wenn sie es mit dieser Wunderwelt ihrer eigenen Biologie zu tun bekommen. Andere bleiben kühl und ruhig. Ein Gottesbeweis, sagen sie ganz richtig, ist das alles nicht. Aber ein fantastischer Grund zu leben.

WTK

96 DAS LEBEN IST LIEBENSWERT, weil wir gerne beieinander sitzen

Studien haben ergeben, wie Menschen auf der ganzen Welt am liebsten privat beieinander sitzen wollen. Wir möchten gar nicht so gerne Schulter an Schulter sitzen wie an einem Besprechungstisch oder einem formalen Essen. Am liebsten haben wir es, wenn wir in einem leichten Winkel zueinander Platz nehmen können, so dass wir ohne Aufwand alles im Blick haben, was rechts und links von uns passiert. Wir mögen einen geschützten Platz, der nicht durch Laufwege zerschnitten wird. An dem keine Unruhe herrscht und kein Lärm. Ein bisschen Rückendeckung von einer Wand zur Abschirmung macht die Sache noch besser. Auch zu formal sollte es nicht sein, eher zwanglos arrangiert.

Tatsächlich empfinden es die meisten Menschen sogar entspannter, wenn sich die Möbel in Form und Farbe unterscheiden und wie zufällig zusammengetragen wirken. Jetzt braucht man die Sitzgelegenheiten nur noch locker zu arrangieren, so dass sie annähernd einen Kreis andeuten. Also ein leicht geöffnetes Rund, keinen strengen Zirkel, aus dem man nicht entkommen kann. Statt klobig-schweren Sesseln und Riesensofas, die nicht zu bewegen sind, wären bequeme, aber leicht verrückbare Stühle, Hocker, Sitzkissen oder Sessel die bessere Wahl. Und davon sollte es immer ein, zwei mehr geben als nötig. Denn so kann man schnell einen zusätzlichen Platz schaffen. Wer neu dazu kommt, fühlt sich viel leichter willkommen. Sein Platz hat praktisch schon auf ihn gewartet.

So entsteht ein kleines, scheinbares Durcheinander, das sich um eine unsichtbare Mitte herum aufbaut. Zu guter Letzt taucht man seine Sitzinsel noch in angenehmes Licht. Der Trick ist, dass man es eher tief ansiedelt, man muss ja keinen Operationssaal ausleuchten. Und schon hat man einen wunderbaren Anziehungspunkt geschaffen für eine gesellige Runde mit Wohlfühlfaktor.

MK

97 DAS LEBEN IST LIEBENSWERT, weil wir in die Luft gehen können

Nie waren wir der Himmelfahrt näher als in den letzten 100 Jahren. Man könnte das 20. Jahrhundert als das Jahrhundert der Luft bezeichnen, und das 21. Jahrhundert wird in noch viel stärker Weise eines sein. Wie viele Generationen haben vom Wunder des Fliegens geträumt, und erst seit gerade einmal drei Generationen ist es möglich. Halbwegs erschwinglich ist es erst in unserer Generation geworden. Wir haben uns verblüffend schnell daran gewöhnt. Das Wunderbare daran empfinden wir vielleicht einen kurzen Augenblick lang, wenn wir beim Start staunend im Flugzeug erleben, wie die Luft unter den Flügeln das schwere Gefährt trägt.

In den Kindheitstagen der Menschheit waren es die Priester, die die Visionen vom Reisen in der Luft wach hielten. Möglicherweise gab es in Südamerika sogar Heißluftballons, die zu kultischen Zwecken genutzt wurden. Fliegen, das hieß „Sein wie die Götter". Sich in den Himmel erheben, das war eine uralte Sehnsucht der Menschheit: leicht und frei sein, getragen werden von der Luft, im Sonnenlicht Gottes.

Dann aber, als der alte Traum endlich Realität wurde, zog sich die Religion davon zurück. Kaum ein Wort über die religiöse Symbolik beim Traum vom Fliegen. Stattdessen schlugen sich die Priester und Pfarrer lieber auf die Seite der Warner und Kritiker. Ob es nicht Frevel wäre, sich in die Luft zu erheben und das Himmelreich zu erobern. Nach kurzer Zeit sind sie aber auch gerne um die Welt flogen. Und nun erzeugt der Klimawandel das neue Phänomen Flugscham. Vielleicht ist es jetzt an der Zeit, nicht mehr zu fliegen, sondern das Himmelreich genau da zu suchen, wo man lebt.

WTK

98 DAS LEBEN IST LIEBENSWERT, weil wir Liebesbriefe schreiben und empfangen können

Einer der wundervollsten Momente, für den zu leben sich lohnt, ist der Augenblick, in dem man einen Liebesbrief in Händen hält. Wonneworte tun allen gut, den frisch Verliebten genauso wie den schon lang Verbandelten. Also, warum nicht heute noch der oder dem Liebsten diese Freude machen? Damit Ihr Liebesbrief aber nicht zur emotionalen Briefbombe mutiert, sondern für eine angenehme Überraschung sorgt, sollten Sie wissen, was alles *nicht* in einen Liebesbrief gehört: Jammerei, Nörgelei, Forderungen, Vorwürfe, Schuldzuweisungen, Bevormundung, Kritik, Belehrungen sind tabu. Ebenso Schwulst, Floskeln und Plattitüden von der Art „Ich liebe dich, Schatzi."

Die wirklich tollen Liebesbriefe folgen zwei einfachen Regeln. Regel Nummer 1: Um den Empfänger dieses Briefes dreht sich die Welt. Er oder sie ist die Hauptperson, um die (fast) alle Gedanken kreisen. Regel Nummer 2 folgt aus Regel Nummer 1: Die Hauptperson wird in jeder Hinsicht gewürdigt und liebevoll beleuchtet. Dazu kann man in möglichst viele der folgenden fünf Beziehung-Kisten greifen: Kiste 1: Liebe und Vertrauen. Kiste 2: Lob und Bewunderung. Kiste 3: Respekt und Wertschätzung. Kiste 4: Bestärkung und Unterstützung. Kiste 5: Verständnis und Mitgefühl. Der Rest ist Ihre Sache. Sie können verträumt sein oder theatralisch, komisch oder ernst, melancholisch oder heiter, scheu oder frech. Sie dürfen seufzen, flehen, anhimmeln, beschwören, bewundern, nur eines sollten Sie nicht: langweilen!

MK

99 DAS LEBEN IST LIEBENSWERT, weil wir von den Tieren die Faulheit lernen können

„Geh hin zur Ameise, sieh an ihr Tun und lerne von ihr!" So steht es in der Bibel, im Buch der Sprüche, als Aufruf an die Faulen. Und wir haben das befolgt, haben zugesehen, wie die Ameisen unermüdlich ihre riesigen Hügel errichten, wie Vögel pausenlos Nester bauen und Bienen ununterbrochen Nektar sammeln.

Wie bei allen vermeintlich selbstverständlichen Beobachtungen lohnt es sich, genauer hinzusehen. Denn die Biologen belehren uns eines Besseren. „Tiere sind entsetzlich faul", so fasst der Biologe Adrian Forsyth seine Forschungen zusammen. Viele seiner Studenten gaben die Verhaltensforschung auf, weil sie dabei monatelang dösende Tiere anstarren müssen. Löwen liegen 22 von 24 Stunden herum. Selbst Bienen verbringen nur 30 Prozent des Tages mit Arbeit. Und sogar die Ameisen schuften zwar recht hart, aber über drei Viertel ihrer Lebenszeit, 78 Prozent, ruhen sie sich aus.

Der Mensch ist das einzige Arbeitstier, das die Evolution bisher hervorgebracht hat. Er verbringt im Durchschnitt zwei- bis viermal so viel Zeit mit Arbeit wie die Tiere. Wenn man das weiß, dann bekommt der Satz aus dem Buch der Sprüche eine neue Weisheit, die sehr gut in unsere hektische Zeit passt: „Geh hin zur Ameise, sieh an ihr Tun und lerne von ihr!"

WTK

100 DAS LEBEN IST LIEBENSWERT, weil wir ein Kompliment ans Leben sind

Wie halten Sie es mit Komplimenten? Den meisten Menschen fällt es furchtbar schwer, ein Kompliment anzunehmen. Sie wiegeln jedes Lob sofort ab. Es scheint so, als hielten sie es mit König Friedrich II. von Preußen, der von Nettigkeiten mit der Bemerkung abrückte: Ein Kompliment, das ans Herz geht, ist eine unerlaubte Annäherung.

Aber kann man das nicht auch anders herum sehen? Etwas Gutes an einem Menschen zu sehen und es ihm nicht zu sagen – ist das nicht ein unerlaubtes Fernbleiben? Echte Komplimente sind ein ehrlicher Ausdruck der Wertschätzung, die Sie einem anderen Menschen entgegenbringen. Dafür braucht man Aufmerksamkeit und ein Auge für die Vorzüge des anderen.

Nicht loben können wäre also ein Zeichen von Unaufmerksamkeit, Mittelmäßigkeit und persönlicher Anspruchslosigkeit. Eine ziemlich armselige Sache! Der englische Autor Oscar Wilde war der Meinung, Komplimente seien der einzig wahre Kitt für Beziehungen. Ein anerkennendes Nicken, ein Kompliment, ein Lächeln – damit werden unsere Bemühungen am schönsten belohnt. Menschenfreundlichkeit heißt die große gemeinsame Währung, die alle reich macht, und das Kleingeld gibt es gratis dazu. Es schlüpft als Kompliment aus unserer Hand in die nächste und von dort weiter.

Der Dichter Friedrich Rückert hat seiner „lieben Schwiegertochter Anna" zu Weihnachten 1855 eine heiter-komische Hymne aus Komplimenten verehrt. Jedes maßgeschneidert und dem gemeinsamen Alltag entnommen. Hier ein paar Auszüge: „Allzeitunterhalterin, Gesprächsstoffentfalterin, Allesbestreiterin, Krankenkostbereiterin, Ordnerin, Schmückerin, Kopfkissenrückerin, Schlummerbecherfüllerin, Kalter Knie Umhüllerin ... Liebliche Verwöhnerin: Nimm dies Liebeszeichen hin, Wie ich dir dankbar bin." Ich bin sicher, die aufmerksame Anna hat diese Komplimente mit ihrem bezauberndsten Lächeln honoriert.

MK

101 DAS LEBEN IST LIEBENSWERT, weil alles Lebendige zusammengehört

Es gibt viele Gelegenheiten, die Seele baumeln zu lassen. Sie liegen im Gras oder schwimmen im Wasser und fühlen: Ich lebe! Aber was ist das eigentlich: Leben?

Biologen und Physiker tun sich merkwürdig schwer, den genauen Unterschied zwischen toter und lebendiger Materie festzuhalten. Beide bestehen aus Atomen und Molekülen. Wo beginnt Leben?

In Lebewesen und Pflanzen gibt es riesige Moleküle. Es gibt welche, da enthält ein einziges mehr Atome, als es Menschen auf der Erde gibt. Und diese Moleküle, so weiß man jetzt, bewegen sich. Sie verhalten sich wie ein lebendiges Wesen. Wodurch sie angetrieben werden, ist noch ungeklärt. Das Geheimnis des Lebens ist dadurch nicht gelöst. Aber man weiß jetzt, dass es bereits ganz, ganz tief in unserer Materie beginnt. Dass es bereits von Anbeginn der Schöpfung geplant sein muss.

Wenn Sie also die Seele baumeln lassen und fühlen: Ich lebe! – dann spüren Sie das Grundprinzip der gesamten Schöpfung. Alles lebt, alles gehört zusammen.

WTK

102

DAS LEBEN IST LIEBENSWERT, weil wir so viel voneinander lernen können

Ramon Lull, ein gelehrter Christ aus Mallorca, war vor über 700 Jahren ein absoluter Bestsellerautor. Sein höchst aktuelles Thema: die Versöhnung der Religionen. Lull erzählte folgende Geschichte:

In einem fernen Land lebte ein großer Gelehrter. Er war schon alt und dachte nach über das Glück dieser Welt. Er wusste nichts von Gott und der Auferstehung. In der Meinung, dass mit dem Tod alles vorbei sei, überwältigte ihn die Traurigkeit des Herzens.

Da traf er drei Weise, einen Juden, einen Christen und einen Moslem. Sie erkannten es als ihre Aufgabe, ihm das Dasein Gottes zu beweisen und ihm zu zeigen, dass Gott ganz Gutheit, Größe, Weisheit und Liebe ist. Am Ende erhob sich der Heide mit Tränen in den Augen, und er betete zu Gott:

„O göttliches, unendliches, höchstes Gut! Aus allen Kräften verehre ich deine Liebe, die gut, groß, mächtig und vollkommen weise ist. Alle Tage meines Lebens will ich dir dienen und deine Liebe preisen."

Die drei Weisen waren tief verwundert über die glühende Gottesverehrung des Heiden. Sie erkannten, dass er zu einer Anbetung Gottes gelangt war, die ihre eigene weit übertraf. Sie gaben ihm zahlreiche Segenswünsche mit auf den Weg, und der Heide ihnen. Da fragte der Heide voller Erstaunen, ob sie denn nicht erfahren wollten, für welche Religion er sich entschieden habe.

Die Weisen antworteten, sie wollten es nicht wissen, damit ein jeder von ihnen glauben könne, er habe seine Religion gewählt. Außerdem hätten sie jetzt eine wunderbare neue Fragestellung für ihren Dialog, um herauszufinden, welcher Religion der Heide den Vorzug geben werde – und einen guten Anlass, um sich weiterhin zu treffen.

MK

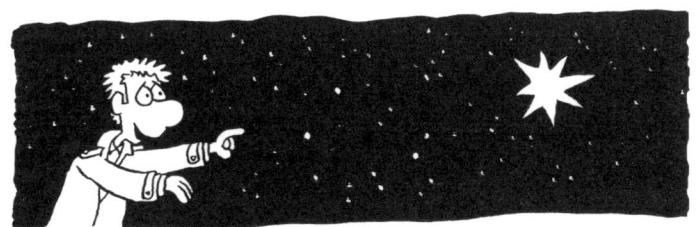

103

DAS LEBEN IST LIEBENSWERT, weil sich der Sternenhimmel über uns wölbt

Es gibt einen Stern, der steht genau über dem Nordpol. Dadurch steht er immer an der gleichen Stelle des Himmels. Für einen Astronomen ist das keine Sensation. Aber ich habe lange gebraucht, das Wunderbare dieser Entdeckung zu begreifen. Wenn ich auf der Bank in meinem Garten sitze, steht der Polarstern immer genau einen Finger breit über der Spitze der Fernsehantenne auf dem Haus, zu jeder Jahreszeit und jeder Uhrzeit.

Das ist sehr praktisch. Um den Polarstern scheint sich das ganze Weltall zu drehen. Vom Polarstern aus findet man schnell den Großen Wagen, und von dort kann man sich leicht weiterhangeln zu allen anderen Sternbildern. Plötzlich wird einem der Himmel mit seiner verwirrenden Menge von Sternen vertraut. Nicht dass ich sie alle kenne, aber ein paar feste Punkte genügen, um mich dort nicht mehr zu verlieren.

In der verwirrenden Vielfalt des alltäglichen Lebens nennt man so etwas Sinn. Ein einziger fester Punkt genügt, um sich nicht mehr im Gewirr der Stimmen und Aktivitäten zu verlieren.

WTK

104 DAS LEBEN IST LIEBENSWERT, weil Liebe der beste Koch ist

Kochen Sie gerne? Für die Familie oder liebe Freunde selber zu kochen ist meistens billiger als ein Restaurantbesuch. Es ist aber auch deshalb so lohnend, weil wir beim Kochen nicht nur leckere und frische Zutaten in ein feines Essen verwandeln. Während wir Gemüse putzen, den Braten wenden und Salatsoßen abschmecken, verwandeln wir gleichzeitig unsere unsichtbare Wertschätzung, Achtung und Zuneigung für andere Menschen in überaus sichtbare Speisen. Sie sollen nicht nur den Hunger unserer Mägen stillen, sondern auch unseren Hunger nach Gesellschaft und vertrautem Gespräch. Selber für andere kochen nährt unser Gefühl für Freundschaften und Beziehungen. Das Essen und unsere Zuneigung – beides soll gut bekommen! Beides ist den Einsatz wert. Es geht also nie um die Speisen allein, sondern auch um unser Einfühlungsvermögen in die künftigen Esser, an die wir schon beim Einkaufen wie auch beim Kochen denken. Was mag wer? Was bekommt wem nicht? Lassen sich die verschiedenen Vorlieben der Gäste in einem Menü vereinen? Ein guter Koch sollte auch ein Menschenkenner sein.

Bei den Hindus gibt es heute noch den alten Brauch, nur einen gereiften Menschen, einen klugen Brahmanen als Koch anzustellen. Einen Menschen mit reinen Gedanken und klarem Kopf, der sogar ein Guru, ein Lehrer der Weisheit sein konnte. Seine innere Reinheit, so glaubte man, übertrug sich während der Zubereitung auch auf die Speisen. Mit unserer Liebe und Zuneigung ist das nicht anders, denn bis heute gilt: Liebe ist der beste Koch!

MK

120

105

DAS LEBEN IST LIEBENSWERT, weil man sich ins Schlafzimmer zurückziehen kann

„Es scheint paradox, dass das Schlafzimmer der bei weitem persönlichste Raum eines Hauses und gleichzeitig der am meisten vernachlässigte ist." Da hat Sir Terence Conran, der Inhaber von *conran shop*, wohl Recht. Der erste Raum, den wir am Morgen erblicken, der letzte am Abend, unser Aufenthaltsort während der ganzen Nacht – er hat unsere Aufmerksamkeit voll verdient. Elsie de Wolfe (1870-1950), eine legendäre amerikanische Raumausstatterin, räumte darum den Schlafzimmern ihrer Kunden immer oberste Priorität ein: „Ich glaube, dass in einem Haus alles behaglich sein sollte, aber das Schlafzimmer muss mehr sein als nur das: Es muss intim sein!"

Die meisten Menschen wünschen sich ihr Schlafzimmer als Oase der Erholung und Entspannung. Es ist unser privatestes Refugium, dem wir uns Nacht für Nacht anvertrauen. Unser Schlafzimmer sollte so aussehen, dass es uns das Gefühl gibt, hier jederzeit angenehme Stunden verbringen zu können. Unser Schlafzimmer sollte der Ort sein, wo wir uns auf der ganzen Welt am wohlsten und am meisten als ganzer Mensch fühlen können.

Messen Sie Ihre Räume nicht nur in Quadratmetern, sondern lieber an ihrer Schönheit oder dem guten Dienst, den sie Ihnen leisten. Viele Räume wirken besonders warm und einladend, weil ihre Bewohner mit Hilfe von ein paar kleinen Tricks ihre Wirkung gesteigert haben. Einer davon lautet: Schaffen Sie in Ihrem Schlafzimmer Platz für eine Reminiszenz an einen angenehmen Ort Ihrer Kindheit, der Ihnen Geborgenheit vermittelte. Stoffe, Decken, Kissen, Lampen, Teppiche, Bilder, Farben, Düfte können dieses wundervolle Gefühl transportieren. Nutzen Sie diese Vielfalt von Möglichkeiten, um Ihr Urbedürfnis nach Schutz, Sicherheit und Wärme zu stillen. Dann wird Ihr Schlafzimmer seine eigene Intimität bekommen und Sie mit genau der Behaglichkeit umfangen, nach der Sie sich sehnen.

MK

106 DAS LEBEN IST LIEBENSWERT, weil der Sonnenuntergang kostenlos ist

Jeden Abend geht die Sonne unter, und das sieht jeden Abend ein bisschen anders aus als am Abend davor. Der Sonnenuntergang ist, wenn nicht gerade eine total geschlossene Wolkendecke über dem Land hängt, eine großartige Show. Sie ist kostenlos, und sie lässt niemanden, der sie sieht, kalt. Den Sonnenuntergang zu sehen, das ist der Inbegriff für das ursprüngliche, einfache Leben. Hier kann man spüren, wie unser kleiner Planet von der Energie und der Gnade dieser großen Feuerkugel lebt.

Einige wenige Menschen stehen auf, wenn es noch dunkel ist, entfliehen dem normalen Ablauf und erleben ganz bewusst die aufgehende Sonne. Dadurch machen sie es ihrer Seele leichter. Jäger und Bergsteiger tun das, auch viele meditativ lebende Menschen. Sie erleben den Übergang von der Dunkelheit zum Tag. Fast alle empfinden das als einen beglückenden Moment, ganz unabhängig vom Wetter. Dieses Gefühl scheint ganz tief in unserer Seele gespeichert zu sein, aus den Tagen unserer wilden Vorfahren, die unter freiem Himmel lebten: Die Dunkelheit ist vorbei, ein neuer, lebendiger Tag beginnt.

Vielleicht gelingt Ihnen das auch einmal, dass Sie der üblichen Routine entgehen und die Geburt des neuen Tageslichts erleben können. So schwer ist das nicht: Ein hohes Gebäude, ein kleiner Berg, oder eine Fahrt vor die Stadt, wo der Blick endlich einmal frei ist bis zum Horizont. Auch wenn Ihr Auge noch müde ist, ist es schon voller Sehnsucht für das Licht des neuen Tages. Wer den Tag so beginnt, übt sich darin, das Gute und Wunderbare des Neuen zu erleben und dafür dankbar zu sein.

WTK

107 DAS LEBEN IST LIEBENSWERT, weil wir von der Stille des Wassers lernen können

Henry David Thoreau, amerikanischer Dichter und Philosoph, hat einen beträchtlichen Teil seines Lebens in der Einsamkeit verbracht. Ganz allein in einer Hütte im Wald, im Schweigen.

Einmal wurde er gefragt, wie er die Stille und die Einsamkeit verkrafte. Das ist nicht schwer, antwortete er, es ist wie die Ruhe eines Wassers, wenn sich kein Lüftchen regt. Wenn wir wie ein stiller See von reinstem Kristall werden, dann offenbaren sich uns mühelos unsere Tiefen. Das ganze Weltall zieht vorüber und spiegelt sich in unserem Grund.

Thoreau wunderte sich während seiner Jahre in der Einsamkeit, wie einfach es letztlich war, diese kristallklaren Tiefen der eigenen Persönlichkeit zu erreichen:

„Ich erwachte in einer Musik, die außer mir niemand hörte. Ich spürte, wie mein Schöpfer mich segnet. Die Welt war für mich ein Musikinstrument geworden. Schon eine leise Berührung schenkte mir einen herrlichen Ton, eine innige Freude."

MK

108

DAS LEBEN IST LIEBENSWERT, weil viele Probleme kleiner sind als gedacht

Das Leben besteht nicht nur aus Annehmlichkeiten. Es gibt unangenehme Pflichten, ausgesprochen lästige Dinge auf der To-do-Liste. Es ist nur zu verständlich, dass wir diese Dinge gern vertagen. Über Wochen hinweg, manchmal Monate, und es gibt sogar Angelegenheiten, die schieben wir über viele, viele Jahre.

Solche hinausgezögerten Aufgaben haben eine ganz merkwürdige Eigenschaft. Je weiter man etwas wegschiebt, umso größer wird es. So groß, bis es uns Angst einjagt und wir einen immer weiteren Bogen darum herum machen. Genau wie bei Tukur, dem Scheinriesen, aus der Geschichte von Jim Knopf und Lukas, dem Lokomotivführer. Von weitem gesehen war er furchterregend groß, und keiner wollte zu ihm. Deswegen blieb er sehr einsam und traurig. Aber wer es gewagt hatte, sich ihm zu nähern, der konnte sehen, wie er immer kleiner wurde und zu einem ganz normalen, freundlichen Menschen schrumpfte.

Man kann es nur erfahren, wenn man es ausprobiert: Nähern Sie sich mutig den aufgeschobenen Grässlichkeiten. Wenn Sie ganz nah dran sind, dann werden Sie sich wahrscheinlich wundern, dass Sie davor so viel Angst und Abscheu hatten.

WTK

109 DAS LEBEN IST LIEBENSWERT, weil wir älter und klüger werden

Wie werde ich sein, wenn ich viel älter bin als jetzt? Wie kann ich selbst die unangenehmen Eigenschaften vermeiden, die mich jetzt an manchen alten Menschen so furchtbar stören? Der irische Dichter Jonathan Swift hat sich diese Fragen auch gestellt, und im Alter von 52 Jahren hat er folgende

„Selbstverpflichtungserklärung wenn ich alt werde" aufgeschrieben:

Ich werde keine junge Frau heiraten und mir auch nicht einbilden, ich könne von einer jungen Frau geliebt werden.

Ich werde die jeweilige Lebensweise, Denkart oder Mode nicht gering schätzen.

Ich werde nicht immer die gleiche Geschichte den gleichen Leuten erzählen.

Ich werde Anstand und Sauberkeit nicht vernachlässigen, aus Sorge, abstoßend zu werden.

Ich werde mit jungen Menschen nicht überstreng sein, sondern für ihre Torheiten Verständnis zeigen.

Ich werde niemanden mit guten Ratschlägen belästigen, es sei denn, sie werden ausdrücklich erbeten.

Ich werde nicht viel reden, erst recht nicht von mir selbst.

Ich werde nicht mit meinem früheren guten Aussehen oder meinen Erfolgen bei den Damen prahlen.

Ich werde einige gute Freunde bitten, mich darauf hinzuweisen, wenn ich diese Grundsätze vernachlässige oder breche. Dann will ich mich dementsprechend bessern und nicht aufhören, nach diesen Grundsätzen zu leben, auch wenn es mir unmöglich vorkommen sollte.

Jonathan Swift ist 78 Jahre alt geworden.

MK

110 DAS LEBEN IST LIEBENSWERT, weil wir nur einmal leben

Wenn ich mein Leben noch einmal leben würde ...

... dann würde ich viel mehr Fehler machen. Ich würde entspannen. Ich würde viel verrückter sein als in diesem Leben. Ich würde mehr Risiken eingehen. Ich hätte mehr echte Probleme und weniger eingebildete. Ja, ich hatte in meinem Leben schöne Momente, und wenn ich noch einmal leben dürfte, hätte ich mehr davon. Ich würde bei den ersten Frühlingsstrahlen barfuß gehen. Ich würde vieles einfach schwänzen. Ich würde öfter in der Sonne liegen ...

Diese Zeilen stammen nicht aus einem psychologischen Ratgeber oder einer Predigt, sondern aus einer Anzeige für Motorräder. Mir gefallen diese Gedanken. Natürlich kann man sein Leben nicht noch einmal leben – dieses zweite, klügere, bessere Leben, das muss man jetzt beginnen, mitten in dem einen, alten.

Im Geist aufsteigen, in eine höhere Warte, und von dort aus sein Leben betrachten – das ist gut und gesund. Das geht natürlich auch prima ohne Motorrad. Nur etwas mehr Abstand braucht man, Abstand von sich und den scheinbar so zwingend wichtigen Dingen, die unseren Alltag bestimmen.

WTK